COMERSE MADRID

EMILIA LANDALUCE

COMERSE MADRID

Crónicas de Paganini

ESPASA

© Emilia Landaluce, 2024
© Editorial Planeta, S. A., 2024
Espasa es un sello de Editorial Planeta, S. A.
Avda. Diagonal, 662-664
08034 Barcelona
www.planetadelibros.com
www.espasa.es

Primera edición: noviembre de 2024

Diseño de cubierta: Planeta Arte & Diseño
Fotografía de cubierta: © Peter Zastland / Alamy / ACI

Preimpresión: Safekat, S. L.

ISBN: 978-84-670- 7441-3
Depósito legal: B. 18.143-2024

Printed in Spain / Impreso en España
Impresión: Rodesa, S. A.

PEFC Certificado

Este libro procede de
bosques gestionados
de forma sostenible

PEFC

PEFC/14-38-00305   www.pefc.es

A doña Emilia y a Angelita.
Y a Rosa y a Cate

ÍNDICE.

Índice

PRÓLOGO

Contaba mi madre una historia de mi tío Felipe, un tipo juerguista, «un cachondo», que murió antes de que yo naciera. Al parecer, una francesa muy cursi llegó a casa con esa desgana de la que presumen algunas mujeres como si fuera una (la) virtud. Se le ofreció jamón, croquetas, boquerones en vinagre, solomillo... Y a todo respondía la francesa con un «no me apetece, no tengo ganas. *Merci*». Hasta que llegó mi tío Felipe, que ya llevaba dos copas de más, y le soltó aquello de: «Venga, rubia, que te voy a preparar unas sopas cachorras que ya verás qué bien te sientan».

Cuando mi madre contaba esa historia, siempre le preguntaba qué eran las sopas cachorras, pero ella decía que no tenía ni idea. Años después, lo busqué en Google y tampoco di con la respuesta. (Sí había referencias de las sopas cachorreñas y la sopa cachorra, en singular). Y lo único que encontré fue un artículo mío en el que contaba la peripecia de mi tío. La anécdota estaba incluida en otra historia más amplia de cuando mi tío fue a ligar con otros señoritos a un mitin del Partido Comunista por la proverbial liberalidad sexual de las comunistas. «Tú te crees que las francesas somos todas unas *juarras*», le espetó una pobre chavala antes de darle el merecido bofetón.

Sigo sin saber lo que son las sopas cachorras, pero el sintagma me resulta tan evocador y sonoro que fantaseo con dos teorías. Las sopas cachorras pueden ser sopitas de leche de niños, de esas hechas con pan de ayer y azúcar, y un toque avainillado en la leche, la yema de huevo con el consecuente taponcito de coñac. La otra hipótesis sería una versión de unas gachas de harina y asaduras, cachorras porque deben de poder masticarse con las encías. De cucharón y paso atrás, como en aquellas calderetas que se servían en las primeras comuniones que se celebraban en la nave de Construcciones Imafer S. L.

La comida tiene mucho de recuerdo, de fantasía, de evocación. La magdalena son las perdices con nata de Angelita, mi madrina, y ese cóctel de gambas que mi madre le descubrió al duque cuando tenía ochenta y cinco años y una barba blanquita y mullida como las bolas de algodón antes de la cosecha.

Comer es algo más que el sabor (aunque sea lo más importante), que tragar y saciarse. Tiene algo de triunfo, de símbolo, de lo que queremos ser y a lo que aspiramos. El caviar es como un Rolex o un Bentley. Sin embargo, el dinero no dice tanto en la comida como en otros campos semánticos. Nunca diremos, «Ay, si un Citroën valiera como un Ferrari», del mismo modo que muchas veces sentenciamos con aquello de: «Si las sardinas costasen lo mismo que el caviar…». Porque hay a quien le gustan más las sardinas que el caviar pero a nadie le puede gustar más un Citroën que un Bentley. Porque en la utilidad no hay evocación. Los olores, los sabores nos hacen recuperar ese paraíso acotado que es el recuerdo. Volver a ser emperador en una gota de agua. O de vino. O en un bocado.

Comer es evocar.

Los náufragos de los libros, los supervivientes de la tele imaginan lo que comerían si pudiesen. Como el comilón a régimen o cualquier persona que pasa hambre por prescripción propia o ajena. Es lo mismo que leemos en los relatos de los supervivientes del Holocausto o de las guerras. ¿Quién tiene tiempo para amar cuando se tiene hambre? Lo que te comerías si pudieras es una conversación tan divertida y recurrente como lo que harías si te tocara un Euromillón de los gordos. Cocinar requiere imaginación y experimento. Y los sentidos se empiezan a estimular con las palabras. Eso es lo que explica la decepción que sentimos cuando preparamos nuestras papilas gustativas para una cosa y se nos sirve otra. O el motivo por el que la gastronomía, la comida, ha sido un tema recurrente de tantos escritores.

No sabía cómo empezar estas primeras líneas. Me encanta comer. Y beber, que es también comer. Supongo que sobre todo me gusta vivir, que es también comer.

En este país apacible, con guerras a miles de kilómetros y amores en todas las esquinas, comer se ha convertido en el placer predilecto. Más que el sexo, aunque sea lo mismo.

Comer dice de nosotros casi tanto como la persona con la que follas, las personas a las que quieres o a las que amas. O a las que odias.

Y es verdad que dónde comer, en qué momento, es una variable fundamental para que la comida cumpla su función total, la cuarta pared. Un bocadillo de sardinas picantes Cuca me hace sentir enseguida mecida por los rayos del sol de invierno en el campo, y una sopa VGE me devuelve a la mesa de Hortensio, mecida por el acento dulce de Mario que habla de trufa, *foie* y de tiempos de hombres refinados... Y acaricio las espigas de los trigales llenas y el suave tacto del hojaldre de la soperita blanca.

En *Las dos hermanas*, el libro de Arcadi Espada sobre el restaurante Hispània, escribe que el gran momento de la vida es atravesar un restaurante con una mujer ya seducida o un par de viejos amigos. Es verdad, como prosigue, la elección del restaurante, del día y la compañía nos prepara para formar parte de una experiencia colectiva, «civil, alcanzable» de felicidad.

Las *Crónicas de Paganini*, que reúne y amplía este libro, fueron una idea de Arcadi Espada, uno de esos viejos amigos con el que a menudo franqueo la puerta de la felicidad fácil; esto es que voy a restaurantes, de tapas, a beber vino, a aprender y a olvidar, dando la importancia justa a todo, salvo a lo importante que es el momento preciso, precioso, del bocado. Del trago. (Un trago es siempre más ávido que un sorbo).

No sé a cuánto asciende lo que me he gastado en comer y beber para escribir este libro. La única regla impuesta es que los restaurantes de los que escribo nunca me han invitado. Y tampoco soy de esas *influencers* que se han hecho un nombre a partir de lo que comen y beben (esas filas de botellas carísimas de las que presumen otros), porque, en la mayoría de los casos, la comida no tenía otra intencionalidad que la diversión. De ahí que la recurrencia de la columna en *El Mundo* estuviera condicionada por mis finanzas y la carga de mi desempeño en el diario.

Dice mi hermano Martín que no entiende el éxito de las *Crónicas de Paganini* porque no tengo ni idea de gastronomía ni sé de esas historias que adornan las columnas de los grandes comilones. Tampoco sé escribir cursi ni enrollarme con epítetos de jaramagos. Solo sé de los placeres alcanzables y comer, no tengo otro criterio que la felicidad.

ADVERTENCIA

El abuelo paterno vivió lo suficiente para dejarme un reguero de sensaciones que de vez en cuando hacen que se materialice en mi memoria. El ruido metálico del paso de un hombre con muleta, la visión de un chaleco husky (se lo ponía hasta para cenar en Nochebuena) o cuando me entran ganas de ir al baño en el campo. Él había sido amigo de Edgar Neville y solía invitarle a cazar en los Montes de Toledo. Contaba que Neville (aunque no sé si sería literatura), que era muy gordo, llevaba en el zurrón una tabla con un agujero para colocarlo sobre dos piedras y poder ir al baño sentado en el campo.

Encontré hace poco un librito de Edgar Neville titulado *Mi España particular* en el que describe sus recorridos turísticos por España en los que incluía, por supuesto, los restaurantes que visitaba. El texto no vale demasiado pero hago mías para este libro algunas de sus palabras para evitar así sospresas a los desprevenidos. «Insisto mucho en que esta guía es arbitraria, ya que esa es su condición principal. A veces cometeré injusticias gravísimas, como es pasar por alto un restaurante excelentísimo, pero si lo hago es porque no he comido en él, y yo en estas cosas no me fío de los demás». Este libro va dirigido a lectores tan arbitrarios como yo.

DESAYUNO

Dicen los ingleses que la dieta ideal es desayunar como un rey, comer como un burgués y cenar como un mendigo. Es de suponer que es por aquello de que es sano cenar poco. En estos años en los que la moda son los ayunos intermitentes —lo que importa son las horas—, he descubierto que la comida que me cuesta más saltarme es el desayuno. Quizás sea cosa de mi rutina matutina. Me levanto al alba —ay de esos pájaros que cantaban cuando salías de Pachá— y leo cinco periódicos maquetados, además de los digitales de referencia. Es parte del trabajo, pero también ayuda a mantener la cabeza ordenada. El desempeño toma unas dos horas que se hacen más agradables con el desayuno. Lo que tome en casa puede constituir cierta vergüenza, porque mis desayunos, por qué no reconocerlo, son de emperador, de papa Borgia, porque Francisco va de pobretón… A veces, hay aguacate; otras, aceite de oliva o mantequilla; o huevos revueltos con un poco de jamón o algo ahumado. Y si se puede, en un mollete. El *hashtag* #comandomollete es la única etiqueta que sigo con interés en las redes sociales. No hay nada más satisfactorio que contemplar a esos andaluces que se forran a molletes con zurrapa o, mejor, con manteca colorá (de esa que tiene chicharrones) y que tan bien entra con el cafelito que se sirve en vaso largo. En Andalucía se desayuna bien en las ventas o en altos en el camino como **La Pirula**, en donde, además de mollete, se toma una tapa de paella fría que, a media mañana, ya puede llamarse aperitivo. El pan bueno, como tantas cosas, se aprecia más a medida que te haces mayor.

No sé si se dice en Écija, en Antequera... O es de los Álvarez Quintero. «Un mollete, hambre mete; dos, por consiguiente; tres, algo es; cuatro, ya me harto; cinco, me engollipo, y seis, que es la media docena, tengo ya la tripa llena». Mi madre me recitaba esto cada vez que parábamos en La Pirula camino de El Puerto de Santa María para ver a la abuela en Rota. Cádiz, no sé si lo saben, quizás no sea verdad, es la ciudad más antigua de Europa. Y es normal ese pellizco de orgullo de vida porque ningún sitio tiene... en apenas treinta kilómetros a la redonda Cádiz, Sanlúcar, El Puerto, Jerez, Chiclana, Chipiona con su... tanto. Los Domecq y Lola Flores, Manuel Alejandro y Pemán, Rocío Jurado, la Paquera y Mauricio Wiesenthal, Alberti y Muñoz Seca, el Beni y Rafael de Paula... Todo en su justa medida y proporción. En Cádiz no cabe lo basto. Hasta ese «por el boquete todas somos iguales» con el que se despachan los cuernos tiene un punto de poesía. Y de razón. A los andaluces pobres, y eso quizás sea lo que convierte a la comunidad en una región conservadora mande quien mande, les gusta lo mismo que a los señoritos, que a los ricos. Y esto es el refinamiento de lo natural frente al artificio. La materia prima, lo bueno. ¿Y a quién no le gusta lo bueno?

Para algunos, la primavera no empieza hasta que pasamos Despeñaperros. Mi tío Jaime González siempre me dice que un día fuera de Jerez es un día perdido. En estos tiempos tensos, de eso tan feo que es lo crispado, es como si a muchos de nosotros nos quisieran robar la primavera —¡exprópiese!— y nos han hecho perdernos muchos días, aunque tengamos que conformarnos con estar en Madrid. ¿Conformarnos? Es un decir. Madrid es una maravilla.

En mi casa, los molletes son de **obrador Máximo** (de Benaoján, pero se pueden comprar en la web de Doña Tomasa) o una (o dos o tres) tostada de pan con sésamo de **Adelicia** (Jorge Juan, 54) a ser posible de maíz, aunque de trigo está muy bueno. También hacen un pan con nueces, centeno y naranja que va estupendo con algunos quesos en el postre. Pero volvamos al desayuno, que tiene un nombre adecuado. Des-ayunar. Dicen los médicos que el motivo por el que el ayuno de la cena es más fácil es que para nuestro cuerpo es más sencillo bajar los procesos mientras dormimos. Tiene lógica, pero tal vez se trate de esas conclusiones que pueden cambiar de un momento a otro. Pocos saben que la mantequilla es igual y engorda lo mismo que el aceite, pese a que ha habido épocas en que los dos estaban denostados por sus respectivos «expertos en», «estudios de». El aceite de oliva (sin filtrar) me gusta que pique un pelín en la garganta porque me lleva al campo, al amargor de las aceitunas en el árbol y a esos olivos plateados que en enero están llenos como árboles de Navidad. Y de la mantequilla aprecio la calidad, que esté untuosa y, si es posible, con ese punto de sal que convierte la tostada en algo menos anodina. Otras cosas son las mantequillas malas que solo me valen para replicar la escena de *El último tango en París*.

En cualquier caso, no hay nada mejor que empezar el día con hambre y avidez. Eso de querer comerse el mundo es una vulgaridad. Conformémonos con que nadie nos coma la moral.

Desayunar en casa te hace más libre el resto del día. La rutina matutina —con sus enjuagues y abluciones, los estiramientos, la gimnasia, la ducha—, además de la inexplicable ausencia de bidé (o de los baños japoneses) en la hostelería…, convierte a cualquiera en enemigo de eso tan hacendoso que es quedar a desayunar. Ahí van algunas recomendaciones.

DESAYUNOS PANTAGRUÉLICOS

Solo salgo a desayunar si ya he desayunado o si después puedo volver a casa. Es el caso de esos molletes de jamón con tomate (con extra de jamón que pagamos religiosamente) con café americano que degluto con Rosa en **Stop 52** (Ortega y Gasset, 52) cuando quedamos en el gimnasio caro. También, y no suelo destacar estas cosas, está la amabilidad de los camareros (que son como le gustan a Arias Cañete), a los que imagino dándose codazos cuando aparezco con las patorras al aire tras torturarme en el gimnasio.

O del sándwich mixto de 1,75 en la cafetería **Avanty's** (General Pardiñas, 15) o ya, si nos ponemos exquisitos, en el **Bar H Emblemático** (Castelló, 83), que ponen un buen pepito de beicon y queso y, aunque no sea lo que más me gusta por la mañana, un sándwich vegetal con atún y salsa rosa. (Ideal para desayunar antes de acostarse tras una buena noche de juerga y ese paseo de la vergüenza cuando te vas con alguien con alguna copa de más. La elección está clara. O eso con cerveza o a comer techo con agua).

La Primera (Gran Vía, 1) también sería una buena opción (por lo menos 10 euros por persona), aunque me coge algo lejos del gimnasio. Hay varias opciones, pero para tomar un yogur, cereales y un zumo, es mejor quedarse ahorrando en casa. En La Primera hay cruasanes a la plancha con mantequilla (redundancia) y mermelada de esos que se funden en el paladar. Es, por supuesto, célebre la tortilla de patata, pero para eso es mejor dejarse caer por el mercado de la Paz, ir a **Casa Dani** muy temprano y atizarse un buen triángulo con uno de esos cafelitos de los que se tomaba Juan Guerra en los ochenta. Si algún día se levantan en modo 2030 en lugar de sentirse 90/60/90 (eso es lo que tiene ir al gimnasio), un buen sitio es **Toma Café** (a mí me gusta el de Raimundo Lulio, 16). Si me siento inspirada me tomo un *earl grey* con leche de soja y una tostada con aguacate y granada (7 euros).

Otro sitio divertido es La Raquetista de Juan Bravo, que es una sucursal más ambiciosa del local que ya tienen en Doctor Castelo y de Salino en la calle Menorca, famosos por sus torreznos, que dicen desgrasados. Una de las novedades de **La Raquetista en La Habana** (Juan Bravo, 41) son los desayunos. El que incluye sándwich cubano de El Versalles, en honor al restaurante de Miami, es una maravilla y es perfecto para llevárselo a casa. Lleva emmental, cerdo asado, pavo ahumado, pepinillo y mostaza, pero como en tantos desayunos es mejor atizárselos con un bloody mary —buenísimo aquí— o con una cervecita. O con café americano, que es lo que yo tomo. Si prefieren desayunos menos exóticos, pueden tomar tostadas y cruasanes. Todo está bueno.

Por supuesto, están los desayunos de trabajo. El del **Ritz** (plaza de la Lealtad, 5) es muy completo y te puedes tomar uno de esos jugos verdes tras el *all you can eat* de huevos, beicon, salchichas y esos bollos tan buenos (mis favoritos son los rollos de canela). Como ahí me suele invitar el interlocutor de turno, no sé muy bien los precios, pero la estocada se presupone. ¡Ay! Qué tiempos aquellos en los que te llevaban a desayunar a **Vips** con esa pregunta —¿tienes tarjeta del Club Vips?— que tanto agobiaba. Pues ahora hay huevos benedictinos y tostadas de aguacate… y unas colas recurrentes los fines de semana. Y se desayuna a partir de 1,95. Algo tendrán.

EL *BRUNCH*

No me gusta la palabra *brunch*, contracción inglesa para *breakfast* y *lunch*, algo así como un *desamida*, que suena a algo lánguido. El llamado *brunch* es una de esas modas importadas que se traen de fuera y vienen a joder lo que es un desayuno y el almuerzo, que es una palabra bonita de la que se ha apropiado la que va de gentebiendetodalavida (es decir, los que lo quieren demostrar). Como los que se vanaglorian en llamar «el mecánico» al chófer o al conductor. O helado de mantecado al de vainilla, que es como de gente que presume de ser de Santander. Un identitarismo como el de esa idiotez. Tortilla de patata con cebolla o sin cebolla. Están buenas las dos, idiotas. Una versión u otra no te hacen mejor o tener razón. En este repaso de desayunos no podría descuidar los *brunch*, aunque yo me los tome como un almuerzo con aperitivo, la otra víctima patria del *brunch*.

Intercontinental, un pelín ordinario pero divertido

Mi artículo favorito de *The Daily Mail* es de 2012 y versa sobre cómo amortizar al máximo las 4,99 libras que costaba el bufet de ensaladas de Pizza Hut (básicamente el truco consistía en construir una torre de pepinos y rellenarlo de todo lo que se quisiera). El *brunch* del Intercontinental (paseo de la Castellana, 49) tiene mucha fama porque lo sirven en un enclave estupendo como lo es el hotel y cuesta 94 euros, aunque se puede comer todo lo que se quiera. (*All you can eat*, lo llaman). Nunca me han gustado los bufets. Me parece que tantas opciones sin límites sacan lo peor del alma humana. La avaricia, ese llenarse el plato sin respeto al desperdicio.

Lo más curioso del *brunch* del Intercontinental es la clientela. A partir de la una se empieza a formar en la puerta una pequeña cola para coger sitio. No es extraño. Si se ve lo que nos espera en la web —solo se puede leer un genérico «marisco, embutidos ibéricos, quesos, *sushi*, ceviches, una variedad de paellas, sabrosas carnes, exquisitos pescados»— el comensal solo puede pergeñar una torre como la del Pizza Hut y prepararse para hincharse (Rosa se llevó el pantalón de goma). En la fantasía, lo ideal sería: andamios de la torre de solomillo Wellington, paredes de *sushi* y cochinillo y relleno de langostinos. Y para beber, champagne, que para eso te soplan 94 pavos.

Pero te dan cava, que está bastante bueno, la verdad. El pasado sábado me apresuré a ir con algunos amigos tras un ayuno intermitente de dieciocho horas. (El día previo, habíamos tenido una comida larga con una última copa sobre las siete y media). Y no había más remedio que ser puntuales porque el hambre apretaba y había cola. Nos sentaron en la parte de dentro y, enseguida, los camareros nos sirvieron nuestro cava. Por supuesto, el servicio es excelente y no hacía falta hacer acopio de viandas en el primer viaje al bufet, ya que los platos se cambian continuamente. El consumidor del bufet atraviesa por varias fases. La primera consiste en una vuelta de reconocimiento para ordenar ideas. Luego, mentalmente, se trata de clasificar lo que se va a comer.

Tras planificar, enfilamos hacia la parte de frutas, que estaba muy bien. Después llegó la barra de ensaladas, ceviches y verdura. (Entre estos dos pasos ya nos habíamos tomado una botella de cava). Después unos se tiraron a por los huevos benedictine (desafortunadamente, no los hacían al momento, lo que mermaba mucho la calidad de la preparación) y otros nos decidimos por la barra de *sushi* (bastante corriente, con mucho palito de cangrejo y pepino). Entonces llegó el momento de dejarse caer por el bufet de mariscos. Había langostinos (de Castilla, seguramente), patas de cangrejo… (no estaban mal, con salsa rosa te tomas hasta una piedra).

De la mesa de carnes cogí dos filetitos de *roast beef* y un poco de cochinillo. Con los dos ofrecían la misma salsa. No había ni el clásico *horseradish* (lo que es propio) o uno de esos purés de patatas que también le van. El cochinillo no estaba mal, pero tampoco era destacable. Para entonces ya nos habíamos pasado del vino blanco al tinto (esto era un *all you can drink*) y decidimos coger todos los postres para probarlos y que esta crónica resultara más completa. El mejor era la crema catalana, bastante ligera.

Por desgracia, no nos pudimos quedar al taller de preparación de cócteles con los que pretendían agasajar a los comensales. Nos pusimos un chupito de vodka y nos fuimos a desmayarnos frente a la peli de tarde de Antena 3. Bestezuelas, pensarán algunos. Pero te lo pasas muy bien.

Delicadas golondrinas en el Santo Mauro

En *El esnobismo de las golondrinas*, Mauricio Wiesenthal escribió sobre los ambientes de los que disfrutaban los viajeros que en el siglo xx pasaban el verano en el hotel Sacher en Viena y el invierno bajo el cielo protector de Marrakech. Lugares más cerca de la vida de la vieja Europa y el exótico Oriente que de estos tiempos en los que la globalización ha conseguido que todos los lugares (los *lobbies*, los restaurantes, los bares de copas, los camareros) se parezcan. Ya se esté en Lisboa o en Hong Kong.

Esa carencia de personalidad afecta también a los espacios de esos hoteles de grandes cadenas de lujo que se han instalado en Madrid. Lo cierto es que, pese a las inversiones, ninguno ha logrado retener la personalidad eterna de Madrid, el que quedaba de épocas pretéritas, en el que la canalla no era canallita ni el noble tenía que ser aristócrata. Ahora todo es un poco paleto.

Esa sensación no alcanza al Santo Mauro en donde me aventuré a un *brunch* que cuesta 80 euros, pero al que se pueden añadir con un suplemento algunos platos, como unos profiteroles con caviar (25 euros la pieza), las ostras o el caviar con blinis. Nos decantamos por el primero por confianza en el buen hacer de Rafa Peña (de Gresca, restaurante que me enseñó Arcadi en Barcelona) y responsable del restaurante del Santo Mauro. Nos trajeron un zumo de naranja (yo le puse cava) y luego un cóctel infusionado que tenía un leve toque de alcohol. La bollería estaba muy buena, recién hecha. Los cruasanes supuraban un pelín de mantequilla y había un *pain au chocolat* que me tentaba, pero preferí reservarme. Después una tostadita con jamón Cinco Jotas.

Una de las cosas buenas del *brunch* del Santo Mauro es que es a la carta, en lugar de ser un *brunch* con bufet en los que suele haber más competencia que entre los animales de la cuenca del río Okavango. (Quizás escriba influida por las recientes escenas vistas en el bufet de la zona vip del Master de Tenis de Madrid). ¿Por qué en los bufets la gente actúa como si nunca hubiera comido?

Además de los profiteroles, pedimos dentro del menú un salmón gravlax (curado en sal, azúcar y eneldo) con blinis, raviolis de bogavante y una tostada de cangrejo que se deshacía al tacto y por la que había que pagar 12 euros más. De segundo, yo me aticé unos huevos fritos con bogavante en suquet (35 euros más). El resto quiso huevos benedictinos de salmón (no los probé) y canelones de pularda con bechamel trufada.

Por supuesto, para beber daban a elegir XR de Riscal o Viña Pedrosa, y los dos me parecían estupendos. De postre había una *mousse* de chocolate, una de naranja helada buenísima y algo que no me acuerdo. Nos salió a 120 euros por persona (no es barato, pero no es caro, considerando el servicio, que pedimos varios extras caros y que, si hubiese querido, me podía haber bañado en XR de Riscal o en Viña Pedrosa).

El *brunch* del Santo Mauro es más bien un *desalmuerzo* porque ofrece esas ganas de vivir del primer bocado del día y esas frivolidades que permite una comida, beber vino y ser feliz. Y servida en el jardín del Santo Mauro. Es primavera y las golondrinas viajeras vuelven con su esnobismo a los hoteles de siempre que no se han perdido en la vulgaridad.

Dicen que el del hotel Orfila también está bien y cuesta 75 euros… No he ido aún.

APERITIVO

Las dos comidas de ricos —eso son normalmente los que pueden permitirse ser ociosos sin cargo de conciencia— son el aperitivo y la merienda. Los ricos de verdad son los que tienen tiempo para gastar dinero y dinero para gastar el tiempo. El aperitivo, para los que trabajamos, es como ir al aeropuerto para coger un avión que te lleve a las vacaciones; una promesa de felicidad, el cielo al alcance de la mano y con muchas horas de diversión por delante. De niña, me encantaba tomar el aperitivo con mi padre a escondidas de mi madre, que siempre anheló una niña morena en lugar de una aspirante de vividor, como era el caso de mi padre. A las doce de la mañana, mamá se iba a la playa y mi padre y yo enfilábamos al **Echaté Payá** que presumía ser el bar más pequeño de El Puerto de Santa María y por lo tanto del mundo. Pedíamos una tapita de berza, changurro, y mi padre me dejaba tomar una Fanta mientras él se atizaba un cuartil de fino (La Ina o Pavón). Ya de mayor, le empecé a acompañar en los finos y solíamos rematar la faena en el **Bar Jamón** o tomando una tortillita de camarones en **El Faro**. La tortillita de camarones no es ese churro en el que ha degenerado en algunos sitios de Madrid. La harina de garbanzos debe quedar fritita muy fina como el encaje del cuello de la camisa de un niño para ir a misa. Y luego debe tener multitud de ojitos negros, los camarones, que nos miren desde el crujiente. Y así entra el fino como si fuera agua. En Madrid no es conveniente beber fino en el aperitivo, antes de la comida y con toda la tarde de trabajo por delante. El fino a algunos nos transporta directamente a la feria, al albero, a las ganas irrefrenables de vivir, bailar, cantar y comer, a poder ser vestida de gitana. (Y en la ciudad nos empuja al vicio y a echar la tarde dándole vueltas a las cosas que es lo que hacen(mos) las personas cuando beben(mos)). Del mismo modo que descarto el fino entre semana, evito tomar dry martini de vodka o negroni. Me gustan demasiado como para que me conforme con tomar solo uno. En Madrid se toma cerveza, vermú (aunque a mí no me guste tanto como para asumir lo que engorda) y vino. Prefiero el cava o champagne, que también invitan a la vida pero en formal.

Las ostras que saben a...

El dinero es la mejor protección frente al azar, que es realmente lo que dictamina nuestro destino. Y donde digo azar lean cualquier cosa que no esté en nuestras manos: la tormenta de verano en una fiesta en el jardín; la torpeza del que te mancha con una copa que se derrama. Por eso, el mayor de los lujos, lo que todo el mundo quisiera controlar, es el tiempo y el espacio. Ir donde se quiera cuando se quiera. Por eso es diferente tomar el aperitivo y merendar los fines de semana y festivos, cuando el tiempo y el espacio son más accesibles. Esto es que está todo lleno. Terrazas abarrotadas, turnos... Nada por lo que los ricos estén dispuestos a gastar. Hay muchos sitios para tomar el aperitivo mientras los demás trabajan. A mí me gusta ir con mi tío Soria a **Casa Rafa** (Narváez, 68). Como es rico, me dejo invitar. Quedamos a la una de la tarde (yo me tengo que pedir el día). En Casa Rafa es célebre la ensaladilla. Dicen que es la mejor de Madrid, y es verdad. (Es distinta a la que ponían en La Malaje, también excelente, que tenía camaroncitos fritos, crujientes como un chapulín, y que, mezclados con la mayonesa, producen una textura que es como masticar espuma de mar). Volvamos al aperitivo en Casa Rafa. Mi tío Soria y yo siempre pedimos martini. Lo traen en una copa perfecta casi, casi congelada (lasquitas de ginebra helada flotando) y una aceituna. (Si piden el martini de vodka lo acompañarán con una filigrana de limón). Y luego comemos ostras, fresquísimas, que saben a... lo que tienen que saber cuando

se rompen en la boca. Tampoco hay que desdeñar otros mons-
truos marinos de Casa Rafa. Las almejas crudas sobre todo. Mi
tío Soria a veces se estira y cae una ración. Y otro martini. Y si
nos atrevemos con el salpicón (el mejor), pues otro. Antes de todo
esto, fui a cenar a unos amigos e hice este menú, pero con otro
martini. Acabamos discutiendo de feminismo y bailando recon-
ciliados *La La Land* en una discoteca de gais añosos. Lo dicen los
ingleses. Un martini, bien. Dos, demasiado. Tres, poco. No baja
de los 100 euros. Paga tío Soria.

MADRID Y SUS TORREZNOS

Es bastante más sexy contemplar a una rubia comiendo un plato de torreznos que cerezas. Aunque luego sea capaz de hacer un nudo con el rabo como en aquella escena de *Twin Peaks*. Siempre hay una promesa en la mujer que come, aunque la mayoría lo concibamos como una *performance* pública porque en casa no comemos ni rabo (de la cereza, claro). En este Madrid en donde predominan últimamente los bocadillos (lo de emparedados suena a Popeye) de brioche, los torreznos se han convertido en una suerte de rebelión contra lo posmo, aunque, como todo, se hayan acabado vulgarizando como las patatas bravas o las croquetas. Quizás porque el término engloba a la vez tocino, piel frita y crujiente… ¿Imaginan algo más sugerente que Ayuso zampándose una ración de torreznos en la barra de algún bareto?

O directamente en **Los Torreznos Bar** (Goya, 88), donde me divierte mucho ir a ver el fútbol y refrescar la tapa de torreznos (2,70 euros) con una de esas cañas casi heladas. Es un clásico, aunque en los últimos tiempos los torreznos se hayan hecho un hueco en las cartas de esos lugares vulgares travestidos de castizos en donde se sirven carrilleras, tatakis y patatas revolconas con setas shitake. Cuando Arcadi me descubrió **Salino** (Menorca, 4), pensé que servían los que yo pensaba que eran los mejores torreznos (8 euros) de Madrid. Eran rotundos, pero al mismo tiempo ligeros y casi casi desgrasados, aunque se notara cierta adiposidad cuando se deshacían en el paladar. Pero no, no era como ese

sueño que tenía Cameron Díaz en el que un novio siempre presto al *cunnilingus* le servía después una fuente de helado al que se
había ocupado de quitarle todas las calorías. También los ponen
en **La Raquetista** (Doctor Castelo, 19) que también regenta Javier Aparicio.

Son novedad los de **La Tajada** (Ramón de Santillán, 15),
que es como un bar clásico en el que también se sirven arroces
excelentes. Y habría que destacar **Tres por Cuatro** (Montesa,
9), el restaurante de cocina de temporada de Alex Marugán, que
resulta sorprendente por bueno y por el buen precio. Tomamos
torreznos (1,80 la unidad), ligeros y crepitantes como mandan los
cánones. Después nos zampamos un taco de osobuco pibil (4,50)
que sabía a gloria. Tampoco desmerecieron la tapa de oreja frita
con salsa brava y tártara (11,50 euros) ni el llamado Paquito, que
es un pan untuoso con albóndigas y cebolla morada (11,50 euros). Acabamos con una especie de fideuá (en *rossejat*) con raya y
sobrasada (16,76 euros). Ojalá no hubiéramos pedido los chipirones. No estaban a la altura del resto. Tomé una copa de vino de
rioja. Clásico, bebible y bonito de color. Merece la pena volver.

EL SALPICÓN NO ENGORDA

Dicen ahora que el vinagre de sidra es un superalimento (así lo llaman) que ayuda a adelgazar. Supongo que el estudio será de los mismos (aunque de diferentes generaciones) que decían que la mantequilla causaba infartos o que el aceite de oliva destruía las arterias. Y que el tabaco ayudaba a prevenir el Alzheimer.

Es más bonito decir «encurtidos» que conservas en vinagre (que siempre suena al femenino del pollo en ídem, aunque nos refiramos a vegetales). Me gustaría saber por qué los métodos de conservación tienen nombres tan evocadores: ahumado, salazón, escabeche…

En **Hermanos Vinagre** (Narváez, 58) sirven mejillones, boquerones, banderillas y gildas con raciones de chicharrones y un buen *steak tartar*. También *foie* escabechado. La cuenta con vermú, tinto de Madrid o cerveza sale a unos 25 euros por barba. Sin embargo, como en otras vinagrerías (la más imprescindible **Bodegas Casas**, de la avenida de la Ciudad de Barcelona, 23), se echa de menos ese plato esencial que es el salpicón. De pequeña mi madre me hacía recitar en plan monito «La cena jocosa», de Baltasar del Alcázar. Mis versos predilectos. «La ensalada y salpicón hizo fin: ¿qué viene ahora? la morcilla, ¡oh, gran señora, digna de veneración!». La morcilla, en efecto, merece todos los cultos (salvo el de los que rechazan el cochino), pero Del Alcázar tampoco descuida el salpicón. «La ensaladilla es del cielo; y el salpicón, con su ajuelo, ¿no miras qué tufo da?». El salpicón es uno de los platos predilectos de las barras madrileñas. No me gusta que lo monten como si fuera un templo de Salomón porque evidencia cálculos económicos. Los cuatro langostinos han de repartirse entre cinco. Prefiero que los ingredientes se entremezclen, se salpiquen como en una ensalada (lo que es) en arco iris en la que los langostinos no se puedan contar.

Afortunadamente, basta con caminar unos metros a la salida de Hermanos Vinagre para tomar el de **Casa Rafa** (Narváez, 68), que es de bogavante y cuesta 38 euros el de langostino y el de carabinero, 28 euros. No es peor el de **O'Pazo** (Reina Mercedes, 20) que cuesta 28 euros. Y los dos se pueden pedir para llevar. El de O'Pazo y **El Pescador** en Pescaderías Coruñesas. Es bueno también el de **Vía Vélez** (General Perón, 10), que tiene una barra (lo llaman La Taberna) más agradable de lo que se podría pensar y el salpicón de pulpo cuesta 21,75 euros. Tienen otros platos destacables y merece la pena llegar a la una para terminar a las tres de la tarde.

También es digno de mención el salpicón de rape y marisco de **Ocafú** (Jorge Juan, 29) (17,50 euros). Es difícil creer que el vinagre adelgaza, pero lo que es verdad, de la buena, es que el salpicón no engorda.

Los mejores pulpos

Cuenta Rosa Belmonte en *Sobre nosotras. Sobre nada* (el libro que escribimos juntas para La Esfera) una de mis obsesiones tras la caída, coma y posterior despertar con la cabeza perdida (marzo de 2020). Era que los pulpos eran más listos que los psiquiatras que me trataban en el hospital donde estaba ingresada. «Lo son, lo son», les gritaba. Meses antes había leído *Otras mentes* (Peter Godfrey-Smith). Luego supe que Mariló Montero tampoco comía pulpo por el mismo motivo. No ayudaba un viaje en diciembre a París en el que conocí a un pulpo simpatiquísimo preso en el acuario del Museo de Ciencias al que fuimos a ver una exposición de Pasteur. (En el hospital también me dio otro ataque de Greta y me negué a comer unas angulas que me mandaron mis tíos Marilé y Javier de El Pescador. ¡Asesinos!, despotricaba yo). La vuelta de la cordura no impide que aún me impresione comer pulpo, pero me sobrepongo pensando que también se cuenta que a determinadas frecuencias hasta la hierba chilla cuando la arrancan.

En su época, me gustaba mucho ir a **O'Cruceiro**. De hecho, fue el lugar que escogimos para la despedida de una amiga que al día siguiente iba a ponerse tetas. Pero cerró y tuvimos que cambiarlo por **O'Caldiño** (Lagasca, 74), donde sirven el pulpo calentito con sus patatas y su pimentón perfectos (20 euros). Otro de mis habituales es el que ponen a la brasa en cualquier restaurante del Grupo Oter (mis respetos a don Gerardo). A mí me gusta **El Telégrafo** (Padre Damián, 44) porque está cerca del Bernabéu. Cuesta 21 euros el plato en la terraza.

Cuando Ana María quiere resarcirse de la comida con prisa de cada día, nos vamos a **Rías Bajas** (Alustante, 11). El plato fuerte es la carne, pero de primero siempre pedimos un pulpo, que cuesta 24 euros porque es una ración rotundísima y tocamos a bastante. Después, contemplar a Ana María recitar el conjuro de la queimada mientras Leyre, Gonzalo y yo nos mondamos de risa debe de ser de las escenas más desmitificadoras del periodismo que pueden imaginarse. «Mouchos, coruxas, sapos e bruxas», dice con el rostro iluminado como si estuviera en un *Macbeth*. Otro buen pulpo es el de **La Mina** (Álvarez de Castro, 8). No me acuerdo del precio, pero seguro que andará a la altura del resto del marisco del establecimiento. Luego están todos esos lugares donde sirven cefalópodos frititos que atizan mis manías verbales. Los sepionets son el nuevo AOVE (y el FYI de los mails).

La hora del vermú

«La mejor caña, la caña perfecta es la que se bebe con sed y ganas». Mi cicerone en el proceloso mundo del chateo madrileño resume lo que ha sido una semana en busca del grifo que mejor tira la cerveza de la capital. Me dejé caer —literalmente— por **Fide** (Bretón de los Herreros, 17), propuesta de Gonzalo Suárez, y **El Cangrejero** (Amaniel, 25), de Antonio Lucas. Hice lo propio en **El Doble** (José Abascal, 16) que en los últimos años ha dejado de ser un bar para convertirse en un restaurante en donde sirven angulas y un marisco estupendo, además de las consabidas latas.

Solo diré que el día que descubrí **Bodegas Casas** (avenida de la Ciudad de Barcelona, 23) con resaca de haber desayunado salchichón a bocados y un doble que finiquité en tres tragos largos —glugluglú—, mi cicerone del chateo madrileño era Santiago, un boticario retirado, inventor de geniales fórmulas y hacedor de sudokus, haikus y crucigramas. Hablaba con palabras en desuso, seguramente digeridas de sopas de letras. Recuerdo que caminaba como una de esas chinas a las que les vendaban los pies, pues le faltaba regadío en sus pinreles trogloditas. Vaya, que tenía mala circulación. Se ponía siempre sandalias de veraneante porque cualquier zapato —y tenía dinero para pagarse todos los zapatos ingleses del mundo— le apretaba. Y claro, alguna vez fuimos a Horcher con sus pezuñas de gárgola a la vista. Eso sí, llevaba corbata.

«Vamos a Bodegas Casas, que es una vinagrería fina», me sugirió un día que estaba, como siempre, presto al bebercio y a la comilona. Pedí una caña como si fuese el elixir de la vida eterna. Saboreé como los cursilones y concluí con el mismo veredicto que en Fide y El Cangrejero: no hay cerveza mala en Madrid. No hay método, tan solo que guste más una marca que otra. «Con los grifos actuales, es difícil tirar mal una cerveza», me comentó un parroquiano con barriga de pincho presa en una fresquilla. El secreto de la cerveza reside en que esté fría y en la presión; que suba la espuma con la fuerza que imaginamos el barrito de un elefante y el espiráculo de la ballena. Algo animal. Una vez leí que las hormigas en sus hormigueros también fabrican su cerveza. Ojalá sea verdad.

En Bodegas Casas «la caña se tira y ya está». Sin cuentos, historias o literatura. Este establecimiento se fundó en 1923, año en el que comenzó la dictadura de Primo de Rivera. Pero yo soy más del Ribera y de sus otros primos: el Rioja, Toro… Volvamos a la caña. La cerveza está muy buena, pero es que la especialidad de Bodegas Casas es el vermú. Ya he dicho que no es lo mío.

Bodegas Casas es de los pocos lugares que no recurren al preparado químico que ya incluye el Seltz en el pellejo de plástico que se introduce en el dispensador. Ellos siguen como siempre: vasito de vermú y golpe de sifón. La tapita que acompaña es una señora anchoa, con su aceituna y patatas fritas. ¿Cabe mayor refinamiento? Sí. También se estila la familia de boquerones y unos mejillones tan llenos como esos claveles reventones.

Me contaba mi añorado cicerone —murió de covid en 2020— que, cuando era niño, a la salida del colegio iba con sus amigos a Bodegas Casas para dejarse la pasta jugando a una suerte de máquinas tragaperras que en lugar de monedas dispensaban vales para canjear en la barra por medios vermuses y cortos de cerveza. «Imagínate ahora con los defensores del menor y esas cosas». Y don Gregorio, el dueño de entonces, certificaba la batallita de mi amigo. Eran otros tiempos. Han pasado años de hierro y terciopelo, pero el vermú de Bodegas Casas sigue siendo el mejor. Y que el trono de la caña quede vacante. ¡Viva la república!

MILFORD, PARA LA GENTE A LA QUE NO LE GUSTAN LOS INVENTOS

La dama —o en argot más resentidote: vieja— del barrio de Salamanca es uno de los especímenes más prototípicos del singular
melting pot, ¿cocido?, madrileño. Batita veraniega, visón invernal;
peluquería una vez a la semana y, cómo no, las imprescindibles
perlas, signo indeleble de conservadurismo. Como la diadema
antes de que se pusieran de moda.

Las viejas, reivindiquemos el término, tienen hábitos que se
antojan caducos pero que nunca sucumbirán a las modas, como
oír misa a diario o merendar, un lujo de aquellos tiempos en los
que se era señora de sin complejos.

Milford (Juan Bravo, 7), en el corazón cuadricular del barrio, es uno de esos sitios donde meriendan y toman el aperitivo
estas soberbias damas. Seguramente vengan atraídas por la luz de
la regia araña que cuelga del techo o por sus mullidos sillones
de cuero donde encuentran acomodo para sus tertulias, siempre
políticamente incorrectas.

«¿Sabes lo que le da mi marido a su nueva mujer…? Pues mucho dinero y mucho asco». Por supuesto, también se practica el
noble arte del cotilleo: «¿Te acuerdas cuando venía por aquí Tita
Cervera? Fue justo antes de que pescara al barón». El pasado lunes, una de ellas, crudelísima, deconstruía a un señorito sevilla-
no barrigón y bigotudo que presumía de relojazo de oro, geme-
los de brillantes y novia miss. «Seguro que es un socialista de esos
del ERE de reptiles». Y pese a los *gin-tonics* y los jereces, las len-

guas bífidas siempre mantienen su compostura, por lo que pasan las tardes escudriñando modelitos y censurando a los habituales que, pasados de martinis, hunden la sesera en una barra acolchada ideal para esa siestecilla redentora de melopeas vergonzantes.

Entonces siempre suele aparecer un camarero, de esos «españoles de toda la vida» que tanto gustan al exministro Arias Cañete, que ofrece algo de comer, porque Milford también es un restaurante de platos sencillos y buenos. La croqueta suele obrar milagros y el lázaro beodo suele levantarse y marcharse por donde ha venido.

La alusión al milagro no es casual, porque, para algunos vecinos, Milford es casi como un templo donde el consuelo también tiene forma de copa. No en vano, fue fundado por los dueños de Mazarino y Richelieu en plena Transición y estaba destinado a llamarse Fleury. Se desconoce la extraña filia eclesiástica que les impulsaba, pero el caso es que hubo un cisma en la empresa y los socios se repartieron a los cardenales franceses.

Milford no tardó en convertirse en un clásico en permanente renovación y hoy los jóvenes que un día serán viejos del barrio de Salamanca, un arquetipo social válido para cualquier procedencia y padrón municipal, peregrinan atraídos por la infinita variedad de espirituosos. En estos días en los que el moderno venera lo viejuno, ¿quién dice que lo rancio no sea dulce? «Un *gin-tonic*, pero de Beefeater, que no quiero experimentos». Claro, señora.

LAS PIEDRAS, UN BAR DE CALIDAD EXCEPCIONAL EN VALLECAS

Caminamos desde el barrio de Salamanca a Vallecas (una hora y pico) para tomar el aperitivo en Las Piedras (Carlos Martín Álvarez, 34). A Cate le habían dicho que era uno de los pocos lugares en los que se pueden tomar los caracoles como en Sevilla, con su vaso de caldito con hierbabuena. Era verdad y también que estaban buenísimos.

Las Piedras en un bar clásico, de los buenos, que sirve unas tapas buenísimas y unas copitas de fino heladas que entran como el agua. Después nos pedimos unas gambas al ajillo, en una cazuelita chisporroteante que ardía y que invitaba a hacer barquitos de pan con el aceite. También sirven buenas coquinas y carne.

Nos cobraron 50 euros. (E invité yo, porque para una cuenta buena que cojo). Los caracoles eran excepcionales. De hecho, he desafiado a Javi, que tiene siete años, a una carrera de comer caracoles. Dice que no necesita entrenar para ganarme. Lo dudo mucho.

COMIDA

La comida se puede afrontar desde dos perspectivas radicalmente opuestas. La comida larga, con todos los peligros que eso conlleva, o la comida de mero trámite que se solventa con agüita y el alimento suficiente para mantener el cuerpo funcionando, la famosa homeostasis. En Madrid, a la hora de la comida, se pueden encontrar la encrucijada. Sensatez y camino recto o dejarse llevar por los vericuetos tortuosos del vino. Y que la comida dure hasta la cena y la cena sea la comida. Claro que para poder elegir el abandono, lo mullido, es indispensable carecer de obligaciones. Haber dejado a los niños con los abuelos; el trabajo, terminado, y la casa a salvo de incidentes. (La alarma puesta, la llave echada y el gas cerrado). Entonces uno se puede dejar mecer por los efluvios del vino, caer en otros licores y hasta permitirse esa licencia que es el fino. Esto rara vez me pasa, salvo los fines de semana que libro o, más bien, que me libran de trabajar. Es una obviedad decir que la información, la actualidad, lo que pasa, lo que debemos contar, no entiende de horarios. Y además, últimamente, los hijoputas de los políticos se han acostumbrado a hacer anuncios a las ocho de la tarde. Yo no me puedo ir de comida larga si no tengo la columna cerrada o ninguna llamada pendiente. O si tengo radio. Aunque alguna (más de una) vez me he dejado ir y he acabado insultando al clero, por el que no tengo mayores antipatías que por otros estamentos. En Madrid siempre hay mucha gente en comidas de trabajo. Con esos señores con traje y que beben su copita de vino saludable para que la comida sepa mejor. No sé cómo hacían antes. He conocido a personas mayores que se tomaban varios dry martinis antes de firmar negocios. Eran gente de una pasta que yo no tengo. En todos los sentidos. Otra es cuando te puedes permitir que el tiempo fluya sin tener que parcelarlo. Esa es la libertad.

La Buena Vida, nuestro favorito

Quedamos a comer en La Buena Vida (Conde de Xiquena, 8) Berta, María, Cayetana y yo, sin Arcadi, cosa extraña, porque el restaurante de Elisa Rodríguez y Carlos Torres es estos días su favorito. Y, para variar, tiene razón porque es uno de esos lugares recoletos en el que se siente siempre el alivio que produce la certeza que da haber elegido bien. Sin rollos ni excesos.

No se puede decir otra cosa que la calidad de la cocina es excepcional y todo está buenísimo. Tanto Bertita como yo tenemos cierta dependencia heteropatriarcal de Arcadi, aunque la mayoría de las veces, diría él, merecemos sus azotes. Y a nosotras nos gustan, porque a todos nos ponen los correctivos que no están de más. Llegamos a las dos y media, con esa hambre de almuerzo y sin la premura de tener que irse a la cama. También había que celebrar a Berta, que llega mohína de Málaga.

Nos sientan a comer en la mesita de al lado de la ventana. Entra la luz de la tarde tamizada por el ambiente de regodeo en el disfrute que se respira en el restaurante: sobrio, bonito y delicado. Cayetana nos pregunta si vamos a beber vino, y todas decimos que sí, aunque al final la botella de Vouvray de 2019, un vino blanco seco que nos recomendó Elisa, nos la bebimos entre las dos (aunque yo tomé más). Pedimos el gazpacho de kumato con carabineros, que combina ese dulzor del tomate con el frescor del marisco. Comer un tomate bueno es como morder un trasero, por terso y apetitoso. Estaba tan bueno que también me comí la media ración que le trajeron a María.

Después nos tomamos unos rebozuelos, un poco de caballa, una ración de berenjenas, sardinas limpias y unos chipirones de potera. Todo en su preciso momento, sin artificios innecesarios. Por eso puede decirse que es uno de los mejores restaurantes de Madrid.

Ya había estado antes en La Buena Vida y siempre había sido una comida o cena memorable, de la que no se sale con la sensación de haber gastado de más ni de haberse quedado corto. No es lugar de necios ni de fotitos. Es como esa música en la que sientes que no sobra ni una nota. Todo es de temporada. Hay alcachofas y guisantes cuando tiene que haberlos y en carnes ponen cosas tan sugerentes como el tournedó al marsala y el jarrete, que distan mucho de vulgaridades como son otro tipo de elaboraciones. No tomamos postre. Nos trajeron la cuenta: 58 euros por persona.

Desde entonces, he vuelto muchas veces a La Buena Vida porque casi nunca hay fallo en lo que cocinan Elisa y Carlos. Además, me caen bien. Son de esa gente libre que vive al margen de las modas y de eso tan feo que algunos llaman tendencias que vienen a hacer lo que hacen todos. Si los unos ponen *foie*, Elisa lo quita de la carta aunque a Carlos le salga buenísimo. Y así con otros platos salvo la tarta de queso que les sale tan buena que se ha hecho imprescindible para los habituales. No es de extrañar. A mí que no me gusta la tarta de queso también me gusta la tarta de queso de La Buena Vida. Quizás porque te permite beberte una arroba de vino más, por no andarnos con pequeñeces.

Muchas veces tomo raya a la mantequilla negra (la mejor servida de Madrid) y cuando es temporada los guisantes de Guetaria con huevo. Otro de los fuertes del restaurante es la bodega, especial pero sin rollos. Recuerdo una vez que celebramos el cumpleaños de mi madre con toda la familia y Elisa nos recomendó un vino de Comando G que estaba buenísimo y no era desorbitado. La última vez que estuve tomamos una

botella de Emidio Pepe, una bodega especializada en vinos orgánicos por los que no tenía ninguna simpatía porque todos me
sabían como a galleta mal fermentada. Sin embargo, este era
buenísimo, refinado, especial. Es lo que tiene saber de algo. La
buena vida en efecto es eso. Saber lo que es bueno y saberlo
apreciar.

Quinqué, el gran restaurante de barrio que aún es asequible

Durante los años en los que viví por el barrio siempre me lamenté de la falta de buenos restaurantes a los que se pudiese ir andando. Hace pocos años abrió Quinqué (Apolonio Morales, 3), y reconozco que ha sido un error no haber ido antes a comer ya que tengo la sede de *El Mundo* y el dentista a golpe de taxi barato (y qué mejor que llevar la boca manchada de tinta de los chipirones para que te hagan una limpieza bucal con esa *kärcher* pequeñita que tiene la doctora Hoyos).

Fue mi hermano Ignacio, ahora residente en el barrio, el que me insistió en que debía ir a Quinqué. Y tenía razón. Fuimos tres. Nos pusimos tibias de vino y nos cobraron 180 euros. ¿Mucho? Prueben a comer lo mismo en otros lugares ya consagrados (y no nos referimos a sitios como Zalacaín, Horcher o Saddle, sino a lugares en apogeo y con esa clientela fiel que llegan a ser casi militantes) y les soplarán al menos 110 por persona.

Pedimos unos mejillones con una salsa de escabeche impresionante que yo me reservé para el segundo entrante, tortilla de merluza, que estaba estupenda. Para finiquitar la fase de los entrantes, nos dejamos llevar por un revuelto de trompetillas que nos habían dicho de sugerencia del día. De segundo nos decidimos por una raya a la mantequilla (es para dos pero la preparan delante de ti para tres) con unas patatas crujientes que se deshacían en la boca.

Y no nos podíamos ir sin tomar el que decreto mejor rabo de toro de Madrid, servido en grandes porciones y con ese hueso gelatinoso que es ideal para chuperretear y recrearse en la suerte (que tenemos) con un poco de pan. Era día laborable. Pudimos haber tomado una tarta o la tabla de quesos, que seguro era estupenda, pero preferimos no tener que pedir otra botella de vino.

Teresa tenía una reunión importante y yo debía ir a la radio. (La última vez que me atreví a acudir ebria solo lancé consignas anticlericales y mi madre me regañó mucho). Otra de las cosas buenas de Quinqué es que conserva esa sensación de ser un restaurante de barrio que aún no ha saltado al circuito de los *pesados*.

CHAMPAGNE Y CAVIAR EN VALLECAS

Siempre he pensado que si el señor Grey (el de las *50 sombras*), en vez de llevarse a las tías del avión privado al hotel Ritz, se las llevara en un dos caballos a una nave industrial aquello se llamaría secuestro y violación. Pero el polígamo industrial es más del centro o de esos hoteles a las afueras en los que llegas en coche hasta la entrada de la habitación con piscina cubierta, que imagino llena de ese caldo primordial del que surgió la vida hace millones de años. Vamos, que da asco meterse por el exceso de fluidos flotantes y cloro.

Nos cita un prohombre (más que un hombre pro de los que invierte en NFT y cryptos) en **Cardumen**, que buscas en Google la ubicación y te sale que está en Albufera, 323, edificio Vallausa, pta. 1, nave 5-6, pero llegas en taxi y no sabes si lo siguiente es que te amordacen para cualquier tipo de tropelía (así somos de paletos a veces). Pero no. Una vez das con el local (suban la rampa sin miedo), te encuentras en un restaurante homologable a cualquier local de la capital, salvo que estás en Vallecas, lejos de ese circuito pesado por el que ahora se mueven los madrileños. De hecho, he leído que el restaurante surgió por la familia Sánchez Vega, propietarios de Pescados Madrid, comercio ubicado en la nave colindante al restaurante.

Llegamos Rosa y yo a reunirnos con el prohombre antes de tiempo, cuando Cardumen (que según el diccionario significa «banco de peces») solo estaba a rebosar de señores con barrigos de pincho y no había mujeres ni de cuota. (Luego estábamos Rosa y yo de intrusas). Nuestro anfitrión, lector de periódicos, nos quiso agasajar mientras nos hablaba de Tocqueville, uno de los asuntos en los que estaba muy versado. Le dejamos pedir porque alguien tiene que mandar en estas ocasiones. Para empezar pidió un *shot* de vodka beluga y bocado de caviar del Tíbet (15 euros por bocado), servido en cucharilla de nácar (para no desvirtuar el sabor con el metal). Después nos pusimos más prosaicos, aunque no menos refinados. El torrezno de panceta (a baja temperatura y frito, aliño de ají, agridulce y Sriracha) costaba 14 euros. Y seguimos con un tartar de atún (27 euros) que es una especialidad de la casa, que en la carta especifica que tiene un «taller del atún». Acabamos con un rodaballo a la brasa (44 euros cada dos personas) que estaba perfectamente cocinado, en ese punto en el que el pescado no ha perdido lo compacto de lo crudo pero que tiene un regusto a fuego.

De postre pidió una bomba de chocolate y una tarta de queso. Bebimos champagne como las buenas putinas de las que ejercíamos. Pagó nuestro prohombre y nos despedimos dispuestas a una siesta a pierna suelta. En el polígono también hay maravillas. Nos quedamos sin probar los mariscos —tampoco había que abusar de Tocqueville—, que tenían una pinta estupenda. Ya les contaré cuando vuelva.

LECANDA: HUEVOS CON LANGOSTA

El gran asador —buen concepto para disertar— Lecanda (Lagasca, 46) es un restaurante que en su día glosaron los gastrónomos como una de las grandes aperturas del verano. Es verdad que el nuevo restaurante de David Lecanda (El Pimiento Verde) está muy bien, pero no se olviden el pantalón de goma porque se come mucho. Y prepárense para sacar la cartera porque la clavada puede doler.

Es uno de esos lugares que en relación con los restaurantes «mediopelo» (60 euros por barba) que ahora proliferan por Madrid son baratos (por eso que llaman relación calidad-precio), pero cuesta lo que ahora vale un bogavante fresco y una carne ciertamente impresionante, con los agobios lógicos que produce la inflación desbocada. A cambio, pónganse contentos si deciden ir a Lecanda, porque están pagando por algo que merece la pena: el famoso «producto» con el que a algunos se les llena la boca cuando ahora hablan de comer y beber, pasión que como cualquiera resulta cansina si se convierte en una de esas identidades *foodie* o *gastro-eat-diota*.

Me parece que ya lo he escrito, pero mi plato favorito es el salpicón de marisco que en Lecanda ponen con un bogavante entero —y vinagreta de coral— por el que te soplan 120 euros el kilo (aunque se puede pedir medio). También quisimos comer unos pimientos rellenos de bacalao y gambas con bullabesa negra (22 euros). Y nos quedamos con ganas de probar las legumbres con huevos y velo de Joselito. (Las croquetas de cachopo sonaban demasiado brutales).

Para acabar nos decidimos por un chuletón de vaca nacional (110 euros el kilo) porque nos apetecía ese sabor de la carne sin envejecer, aunque en Lecanda ofrecen todas esas opciones más *faisandés* que ahora gustan tanto a los entendidos, aunque dejan en la boca una extraña sensación como de masticar un chicle chero. Pagamos unos 80 euros por cabeza con una botella (y algunas copas más) de Viña Dorana, el vino de la casa, que costaba 38 euros. Posteriormente, volvimos con padres para pedir el cangrejo real del Ártico (24 euros los cien gramos), que es una carne delicada pero contundente. También unas cocochas de merluza de pincho a la brasa y un rodaballo enorme a la parrilla y lengua de wagyu con setas. Se notaba que esta vez no pagaba yo. Aun así, no me lamenté de no probar los huevos fritos con langosta y bogavante que valían un ojo de la cara y que prefiero comer por separado.

NARCISO, COCINA EXCEPCIONAL A MUY BUEN PRECIO

Dicen muchos que la cocina francesa se ha quedado paralizada (¿de éxito?) en esas delicias que se reproducen en las diferentes *brasseries* y bistrós que salpican el país vecino. Ya saben: la carne, el *gratin dauphinois* (patatas gratinadas con nata), el *steak tartar*, esas ensaladas tan ordenadas y bonitas… y otros platos cuya ejecución tienen los franceses dominada hace décadas para deleite de los suyos. Hasta su cierre hace un par de meses, **Hortensio**, el restaurante de Mario Vallés, era el mejor exponente en la capital de la mejor cocina francesa, esa de los Bocuse, Troisgros, Robuchon… con una vuelta, pero siempre desde el respeto por los maestros de los que aprendió el chef colombiano.

Recuerdo la primera vez que fui Hortensio. Me había mentalizado de pedir «esas cosas tan monas que hacen los franceses». La lubina en *croûte*. La lubina con el hojaldre finísimo y delicado con forma de pescado. Pero allí estábamos Cate, Rosa y yo mirando la carta mientras apurábamos una copa de champagne. Le preguntamos al *maître* por la lubina. Nos dice que no tiene y que solo se hace por encargo. En cualquier caso, ya había sido advertida, pero me había despreocupado de la gestión. Afortunadamente, a Cate no le gustaba el hojaldre y Rosa prefería la carne al pescado. Por mi parte, me gusta todo, salvo el arroz con leche. Rosa fue la primera que habló y tiró para su terreno. «A mí me apetece la pintada (suprema y muslo con puré de trompeta) y el pichón en declinación (parfait, confit, tartar y pechuga)». Lo de declinación nos sonaba a latín. Pichón, pichonae, que es lo que somos nosotras a veces. Pichonas, en resumen. Cate quiso compartir unas mollejas (topinambur y limón) y un buey de mar (aguacate, rocoto y salsa de coral).

¿Tomarán vino? Claro. Y Cate y yo nos alegramos de que Rosa se apuntase, aunque rara vez toma más de una copa sin que le duela la cabeza. Pedimos una botella de Alonso del Yerro que estaba un pelín tibio, pero que enseguida se enfrió en una cubitera. Como pasa en los buenos restaurantes, cuando cae la segunda, ya no hay tibieza y el vino estaba a la temperatura perfecta.

La carne de la pintada era bastante oscura y entreverada, pero estaba muy acorde con el puré de trompeta. A los que nos gustan los pichones, su declinación puede sugerirnos chistes, pero rara vez he apreciado una textura más delicada, y a la vez con mucho sabor, que en el tartar de pichón de Hortensio. Las mollejas se parecían a esas delicias caníbales que cocinaba Hannibal Lecter. Tocamos a 100 por cabeza con propina. Al día siguiente me acordé de las dos botellas de vino. Hortensio era de los mejores restaurantes de Madrid.

Volví a Hortensio en otras ocasiones. Una vez fue para probar la sopa VGE, una de esas cosas casi atávicas en sus ingredientes pero que resultan delicadas porque lo simple, lo obvio es siempre el camino más complicado al refinamiento.

Un día, una francesa elegantísima amiga de mi madre llegó al campo con su perrita yorkshire, a la que había ataviado con un visoncito teñido de verde a juego con sus pendientes de esmeraldas. Enseguida, el chuchillo Tobi se prendó de la perrita y no paró hasta que se la calzó (una clara violación, según aquel falso estudio de las agresiones sexuales perpetradas por perros en los parques de Nueva York).

La señora francesa se quedó tan disgustada por el ultraje a su purísima yorkshire a manos de un mil cruces que ni siquiera se percató de que estaba empapada. Solo una sopa podía devolverle el empaque de confianza que había perdido al ver a su perrita campeona de pedigrí despeinada copulando con un chucho mil leches. Le hicieron una sopa de fideos para que recuperase la calma. La sopa, una sopa, es reconfortante, cómoda y familiar. Como el sofá de casa de los padres y el cajón de la mesilla de noche en donde guardamos los resquicios de nuestra alma.

En Hortensio hacían una sopa VGE, en honor a Valéry Giscard d'Estaing, el presidente de Francia muerto en 2020, excelente. La historia: en 1975, Giscard pidió a Paul Bocuse que preparara un plato por su nombramiento como caballero de la Legión de Honor. Se le ocurrió un consomé con carrillera, *foie* y trufa, al que decidió cubrir con una lámina de hojaldre.

La ejecución de Hortensio me preservó un rato de la vulgaridad que son los *tatakis*, los torreznos de madera y esos oxímoron que son las ensaladas templadas que se sirven en los sitios de moda.

Como la temporada de trufa ya ha pasado, Vallés la ha eliminado de la receta, por lo que el hojaldre se deshace en el caldo con el *foie* untuoso y las verduras. De vez en cuando, la cuchara conseguía atrapar un trocito de *foie*, aunque el caldo ya había fusionado el sabor de todos los ingredientes.

Y de postre me tomé un limón relleno de crema y chocolate blanco. Se puede comer entero porque Vallés lo trabaja cuatro días para eliminar cualquier traza de amargor en la cáscara.

Si pueden, recomendé en su día, prueben la sopa VGE de Hortensio y abandonen por unos días los *phos*, los *ramen* y otras sopas orientales. Occidente sigue mereciendo la pena.

Pero Hortensio cerró y Vallés volvió a Narciso (Almagro, 32), en donde sigue ofreciendo esos destellos con toques de actualización y de guiños a la cocina española e iberoamericana. Como siempre, lo mejor es fiarse del chef para pedir, pese a que no dejen de recordarle si acuden en día laborable que hacen eso tan ordinario que es trabajar por la tarde (tal y como era nuestro caso).

Nos pusieron una ensalada de sandía con queso, delicadísima y ligera, que fusionaba bien texturas en apariencia tan contradictorias; después nos trajeron unas berenjenas enteras con ajo negro y ají dulce que eran una maravilla por el sabor del asado. La transición a los segundos fue perfecta: primero, un ceviche de corvina con sorbete de limón (otro prodigio) y unos mejillones de tamaño pequeño/medio en una salsa de curry tailandés untuosa pero muy ligera. Para terminar, nos propuso unos raviolis de pera con salsa de queso azul (una maravilla) y un salmón con espárragos en mantequilla blanca que, casi llenas, quisimos cancelar. Afortunadamente, no lo hicimos. De postre, casi obligadas por el destino, nos atizamos una de esas tartas de queso que Vallés siempre incluye en su carta.

Invité yo a la editora y me salió a 55 euros por barba porque Mario quiso que bebiéramos una botella de un blanco estupendo que no nos dejó pagar.

Cerró Hortensio que es Vallés que, avisa, es Narciso. Ahí está lo mejor de todos los mundos. De hecho, cuando empiece a arreciar el frío, en Narciso se podrá comer una sopa de cebolla hibridada con la VGE, pero con ingredientes más asequibles.

El Pedrusco de Aldealcorvo, esa piel del cochinillo que empata con la de Coque

Habíamos quedado a comer el Sábado Santo en El Pedrusco de Aldealcorvo. «Pues nos tendremos que ir en autobús... ¿O tú te vas a llevar el coche?», nos preguntábamos en el grupo de comensales. Yo misma zanjé la conversación. «Mejor no conducir, por si nos tomamos un vino. O dos. O...». Al final, nos bebimos cuatro botellas pero, por suerte, no nos caímos del patinete, el medio de transporte que finalmente elegimos por cuya prohibición, como en el París de Anne Hidalgo, abogo para preservar a los peatones madrileños de conducciones ebrias y desconsideradas.

Evidentemente, no hacía falta ir a Aldealcorvo (Segovia) para ir a El Pedrusco (Juan de Austria, 27). El restaurante de Gonza de Pedro se ha vuelto a poner de moda porque es uno de los que recomienda la Guía Michelin. Tienen razón los críticos. Ante el eterno dilema para el hombre —¿cochinillo o cordero? ¿blanco o tinto?—, elegimos los dos, además de la clásica morcilla y unas raciones de guisantes y espárragos por aquello de que estábamos en temporada. (Estaban buenos, pero tampoco nada excepcional). Después nos centramos en los dos asados (con ensalada) con delectación y con ganas de romper la Cuaresma.

La piel del cochinillo era fina como la del papel cebolla y se deshacía con el mero roce de la lengua, como si fueran las obleas que se usan para consagrar. Y el cordero (lechal de raza churra), pues estaba buenísimo, con las adiposidades propias de los lactantes y perfectamente cocinado en un horno que, según la web de El Pedrusco, tiene más de cien años y es el mismo que tenían los abuelos de la cocinera en la panadería que regentaban en Aldealcorvo. Cuenta Gonza de Pedro que, en 1984, sus padres decidieron abrir el restaurante en el barrio de Chamberí y que aprendió a cocinar con su madre y Mario Sandoval, proverbial maestro del cochinillo en Coque.

Miré el cochinillo sin más ingredientes que agua y sal y no pude evitar pensar en los tres cerditos de los dibujos animados. Esos que llaman en español sudamericano los tres chanchitos y cantan «¿Quién teme al lobo feroz?». Es mejor pensar en lechones. O en lechonatos, que suena más bonito. Sobre el eterno dilema del hombre —cordero o cochinillo— decidí retornar a Sade. El camino más corto a la perversión es la inocencia. De primero cordero y luego cochinillo. El *pedrusco*, la *pedrada*, fue de 97 euros por persona.

Lomo con vodka tonic light

El abismo se abre a su paso. La aparición de Arcadi en el periódico siempre suscita cierta excitación entre los redactores porque pregunta por todo y es imposible hacerle prisionero. Para mi ración de azotes, me ofrezco a ejercer de su choferesa negra, aunque le aviso de que mi coche no es el Rolls de Cela, sino un descapotable precioso que no pienso vender por dos duros y que por viejo no puede circular por Madrid Central, donde se ubica el hotel en el que mora. ¿Le quito la capota?, pregunto. Pues claro. Antes de arrancar, me ocupo de la selección musical. Como estamos tan dolidos porque no le han dado el Príncipe de Asturias a Manuel Alejandro, ponemos a la Macanita cantando «Que no se rompa la noche». Y subo el volumen porque qué sentido tiene salir del periódico con Arcadi melena al viento si no nos ve nadie. Vamos cantando por el camino. «Se muere por mí la niña» (muy apropiado), «Te estoy queriendo tanto»... y llegamos a la frontera de Madrid Central. Me despido. Tenía otra comida...

Hace tiempo que Cate y yo queríamos volver a **El Buey**. Estuvimos por última vez en el de siempre hace dos años, pero llegamos en un estado mejorable y nos indignamos porque los nuevos dueños habían cambiado la decoración (platos negros) y habían puesto tequeños (el *tataki* latino) en la carta, si bien la carne seguía siendo excelente. Como íbamos así, pedimos el libro de reclamaciones para protestar. Creo que solo acabamos escribiendo que era una vergüenza que no hubiera manteles de cuadros, pero lo hicimos en una letra tan incomprensible que... bueno. Me dio vergüenza sobre todo porque los camareros nos conocen desde que seguíamos la dieta de las proteínas e íbamos a comer lomo de buey a la plancha con vodka y tónica *light*, que entonces solo vendían en Gibraltar (y que evidentemente llevábamos nosotras en una bolsa).

El Buey de General Díaz Porlier, 9 es hermano del local sito en Marina Española. Cuando entramos, sentí la emoción de la magdalena de Proust y el divino tesoro que se fue para volver. Allí estaban los manteles de cuadros, los camareros vestidos de blanco y los cuadros taurinos. También una carta de vinos plagada de referencias clásicas (ni un solo vino canario) y el menú de siempre: lomo de buey a la plancha y ensalada. No pecamos de *gretinas* y nos pedimos dos raciones de lomo aprovechando que aún queda para que Sánchez nos prohíba comer carne. Nos sentimos jóvenes. Quizás fuera el pelazo de Arcadi en el descapotable o saber que Jennifer Lopez y Ben Afleck habían vuelto a salir. «I'm real», cantaba con Ja Rule en el remix que se bailaba en Barnon. Con el vino de la casa, ¡un ribera normal!, nos salió a 40 euros por cabeza.

Mariela's, la ensaladilla y los guisos de los ex de El Paraguas

Me manda una amiga a Mariela's (General Pardiñas, 62) porque dice que es como El Paraguas antes de que se pusiera (tan) de moda.

En realidad, el ambiente, la sensación de restaurante bueno de capital de provincia, me recordó más a Trascorrales, de Oviedo, en el que se forjó el grupo El Paraguas y en donde recuerdo —tenía siete años— haber comido mejor que en ningún sitio. (Supongo que ayudó el menú —angulas con patatas y un *foie* fresco— y que estaba con mis padres y dos de mis hermanos haciendo un Camino de Santiago cuyo jubileo se acababa cuando te subías en la báscula de la farmacia).

En Mariela's se come bien. El personal se ha formado en El Paraguas y ofrecen una cocina buena, sin complicaciones; tradicional pero con ciertos —y muy contados— homenajes a Perú, de donde son los responsables de la cocina. Llegamos con cierta premura y sin reserva al restaurante. Antes habíamos estado visitando la exposición de la colección del Museo de Bellas Artes de Valencia que se podía ver en la Fundación Masaveu. Y qué mejor para desquitarse del Bosco (el cuadro que exponen es ciertamente particular) con una ensaladilla —de las mejores de Madrid— y un cervezón en una copa tan helada que en las yemas de los dedos se notaba ese dolor, casi culpable por lo que significa. Nos recomendaron unos rollitos crujientes de verduras y gambas, pero preferimos pedir unas croquetas muy clásicas de carabineros que estaban bien, llenas de marisco, aunque carecían de los tropezones que restan credibilidad y culpabilidad a los que, como yo, tienen la bechamel como tabú. En cualquier caso, porque la liquidez se considera ahora algo positivo en las croquetas.

De segundo, Rosa se tomó una hamburguesa que no compartió con nadie (se nota que pasó hambre en el internado de esas monjas tan malas) y yo me intercambié con otra unas patatas con pixín y unas verdinas con bogavante. Los dos platos, como la ensaladilla y las croquetas, estaban fantásticos. El caldo era espeso, lleno de sabor y ese color pardo que solo da el marisco bueno. Las patatas estaban perfectas para aplastarlas con el tenedor y tomarlas a cucharadas con la proporción justa de rape y caldo. De postre pedimos una tablita de quesos asturianos.

Tomamos una botella de vino de la casa que estaba estupendo. Nos cobraron 50 euros por cabeza y nos levantamos sin pesadeces y el cuerpo ligero. Nos quedamos sin pedir la merluza y el bacalao. O alguna carne, como el chuletón, que cuesta 79 euros para dos personas. Mariela's en un buen restaurante de barrio. Volveré otro día. La ensaladilla lo merece.

La Catapa, marisco y rodaballo a un precio razonable

No sé por qué no he hablado más de La Catapa (Menorca, 14) en estas líneas, pues es uno de los sitios en los aledaños de Doctor Castelo que aún no ha transigido con eso tan sospechoso que es que todo parezca y sea vulgar. La Catapa sigue siendo un restaurante de barrio al que se puede ir a tomar algo sin reservar (aunque es mejor hacerlo). Y, por otro lado, está la calidad de eso que llaman pomposamente «producto», que en La Catapa es excepcional. Fuimos el martes con Olga, una amiga catalana cachondona y vivaz, que contaba que en Barcelona no se comen las quisquillas y las cocochas que pedimos a un precio que no sea desorbitado. También comimos unas chuletitas de conejo al ajillo que estaban buenas y crujientes y varias raciones de piparras frititas. Luego quisimos tomar un rodaballo de casi tres kilos que nos repartimos entre ocho. Estaba perfectamente cocinado, en el punto exacto; esto es a unos pocos segundos de horno de que se pasara o se quedara crudo. Y de beber nos tomamos un par de botellas de vino *de putilla* (el rosado que quiso la catalana) y como cuatro o cinco botellas de Pagos de Anguix que estaba buenísimo. Y nos cobraron 60 euros por persona.

Comer o cenar en La Catapa siempre es buena idea. La barra es muy agradable y es de los pocos sitios en los que aún se toman buenas tapas. A la ensaladilla se le pone faisán escabechado, las mollejas están crujientes y las navajas están muy bien hechas.

Anteriormente, La Catapa era parte de esa ruta por el barrio que incluía **La Raquetista** (Doctor Castelo, 19), **La Montería** (Lope de Rueda, 35), **La Castela** (Doctor Castelo, 22) y la taberna **Laredo** (Doctor Castelo, 30). El remate había que hacerlo en **Arzábal** (Menéndez Pelayo, 13) tomando *piscines* de champagne (con hielo) y quedarse a cenar. Sin embargo, desde hace unos pocos años, La Catapa se ha convertido en el restaurante más reseñable. Me lo descubrió el cardiólogo de mi padre, Jerónimo Farré, un día que nos invitó a comer por su cumpleaños con el eminente Mariano García, fundador de Mauro y San Román. La verdad (siento ponerte los cuernos, Arcadi) es que es una maravilla escucharles hablar de vino. Farré se llevó algunos de los vinos que le regalan los clientes por mantenerlos vivos (es uno de los grandes expertos mundiales en arritmias) y nos dimos un buen homenaje de marisco y chuletón bebiendo vinos carísimos. Lo cierto es que, ya jubilado, el doctor Farré me cuenta que suele cenar muy ligero para poder comer con tranquilidad en el almuerzo. Mi corazón no fibrila.

VILLOLDO, CERTEZA DE BUENURAS EN MADRID

Me gusta que al entrar en Villoldo (Lagasca, 134) suele recibir una señora muy amable. Supongo que se trata de Pilar Pedroso, que hace ya más de 10 años dejó el restaurante que regentaba con sus hermanas Mercedes y Paula, Estrella del bajo Carrión, en el Villoldo de Tierra de Campos, para abrir junto a su hijo este local blanquísimo, que regala al comensal esa certeza y solidez que solo da Palencia.

Cuando te metes entre pecho y espalda unos tigres, las alubias (blancas viudas o las que hacen con hongos) y un pichón de la tierra, no hay turra de Bauman en la que creas salvo ayuda de alguno de los vinos tintos, tiempos líquidos, que tienen en esa carta de vinos tan medida. Me descubrió Villoldo Ramón, un amigo al que le gustan los hombres tanto como odia que sus impuestos se vayan a gilipolleces. (Se nota que me han enviado hoy el borrador de Hacienda). Un tiempo después, leí la crónica de Fernando Point en nuestro *Metrópoli* (lo siento Arcadi; tengo otros referentes) y me decidí a caminar hasta ese tramo de Lagasca, tan cerca de uno de mis coles.

En Villoldo está todo bueno. (Este tipo de frases son las que crispan a mi hermano Martín). La última vez estuve con unas amigas que viven en México y nos tomamos una cecina de buey Valles del Esla y una terrina de oreja de cerdo para compartir. Y luego yo una paletilla (la pedí con ensalada), pero las otras tres sorbieron hasta los huesos del cochinillo (explican que es de cría ecológica) entreasado y un lomo bajo de choto.

Por su parte Jackie, una americana más de lacón que de La-
can (aunque ella se piense lo contrario), se atizó unos jarretes de
lechazo estofados. Tras semejante homenaje, la pobre se tuvo que
desabrochar el pantalón vaquero (de la 36) para que le cupieran
las natillas con helado de galleta María.

Una pena que no pudieran probar la menestra de verduras de
temporada que la familia cultiva en su pequeño huerto de una
hectárea en su Villoldo originario y que saben cómo tienen que
saber los vegetales que se cuidan con mimo y cuidado. Nos tomamos (ellas) un vino de unos 35 euros porque como últuma-
mente me he visto bastante tocina en las fotos de promoción de
Donde caiga la flecha (Espasa) he decidido hacer una cura sin vino
ni vicios durante un tiempo. Nos costó 55 euros por persona.
Estoy en un estado de melalcoholía que...

La princesa de los torreznos en Amparito Roca

De pequeña, paseábamos Juan Bravo arriba Juan Bravo abajo con el mini en mano y esos chupitos que alimentan los revolcones. Entonces había muchos locales de copas en pesetas y niñas que se emborrachaban a los dieciséis como si, en efecto, no hubiera diecisiete. Ahora se va a Milford y se come en Amparito Roca (Juan Bravo, 12), el restaurante de Jesús Velasco en el que siempre se ve a alguien: desde consejeros de Prisa hasta Amalia, la hija de Máxima de Holanda. Cada vez que vuelve a Madrid, la princesa corre a Amparito Roca a abrazarse con Velasco para agradecerle los torreznos que le sirvió el año que pasó en Madrid huyendo de la mafia. Parece rocambolesco, pero no lo es. Una de las veces que estuve muy recientemente fue con Jaime Peñafiel al poco de publicar su libro. El periodista (noventa y un años entonces) había llegado caminando desde su casa cercana a la Ciudad Universitaria y tras dejar a su mujer en El Corte Inglés siguió caminando hasta Amparito Roca. Pedimos torreznos (Máxima es la reina favorita de Peñafiel), anchoas, y él se apretó unos callos como si fuera un jovenzuelo hambriento de gloria. De segundo, me tomé un mero rustido a la bilbaína. Estuvimos despotricando hasta después del café. Y pagó Jaime. No podía ser de otra manera. Le costó 120 euros. Le dejé invitar. Como él mismo dijo la última vez que estuve en La Ser y contó que había probado la carne humana: «Soy viejo y rico, y puedo matarte».

El Escribana de VelascoAbellà

Paco Pascual, mi exjefe, no conocía VelascoAbellà, el bonito restaurante que han abierto en la calle Víctor Andrés Belaúnde Óscar Velasco y Montse Abellà tras lograr dos estrellas en su extinto Santceloni. Así que nos citamos justo antes de la investidura de Feijóo con las premuras lógicas de la política. A los tres que íbamos nos gustó lo que contaba la página web sin artificios ni rollos poéticos almibarados. Sobre todo, la carta de vinos —«muy interesante»— y la posibilidad de pedir medias raciones, lo que aumenta las opciones de disfrute y de probar cosas. Y también ofrecía un menú (110 euros) que puede confeccionar el comensal basándose en la carta.

Pedimos una botella de La Escribana, un vino blanco de Jerez que estaba buenísimo y del que nos bebimos algunas botellas. Nos sentíamos libres. Era lunes y Paco ya había perpetrado su escribanía; por mi parte, yo me había olvidado de que la jefa Iglesias me había cambiado el día de la columna y no había caído en la cuenta de que, en efecto, también me tocaba.

Leer la carta de VelascoAbellà ya da ganas de comer, así que nos decidimos por el menú. Nos pusieron la ensalada de berenjena asada, tomate, albahaca, avellana y ajo negro que me gustó mucho. Después, la caballa marinada y soasada, coliflor y jalea de manzana verde y las cebollas tiernas ahumadas, pulpo, pomelo y almendras. Montse, que es ciertamente simpática, nos recomendó la terrina de ternera y el ravioli de ricota ahumada con caviar.

«Así amortizamos». Probamos las alitas de pollo con bogavante y espinacas, porque donde hay patrón no manda marinero ni marinera.

Al final nos costó 150 euros porque, evidentemente, bebí(mos) tanto Escribana que por la tarde, cuando *Frau* Iglesias, la jefa de opinión, me reclamó la columna tuve que hacer una de esas tareas de aliño con las que nunca estoy satisfecha pero que, por algún motivo, gustan al lector.

Días después, fuimos a celebrar el cumpleaños de Cate y probamos unas espardeñas que eran fantásticas y que ese mismo día habían incluido en carta por primera vez.

El restaurante de Velasco y Abellà (de ahí el acrónimo que le da nombre) está destinado a ser uno de los mejores de Madrid no solo por la pericia de sus responsables y la delicadeza de su carta, sino porque es de esos lugares que mejora con cada visita.

Y no sé por qué ya no queda ni una botella de La Escribana en ningún sitio. Será lo que vuelva a pedir en mi próxima visita. A ver si es verdad que de lo que se bebe se cría.

Ceviche y pollo en Imperial y ciertas
decadencias

No sé quién nos mandó ir un sábado a un lugar en Arganzuela (al ladito de las oficinas de Makro) llamado Mis Tradiciones Imperial (Francisco Morano, 10). El ambiente era el de un Vips gigante lleno de niños. Solo les diré el resultado: éramos ocho, bebimos nueve piscos, cinco botellas de Cune rosado, veinte cervezas... Y quizás fueron esos elementos los que hicieron que el ceviche (descarten la causa y los anticuchos), los arroces, el pollo y el lomo salteado nos pareciera que estaban muy buenos. Sobre todo cuando pagamos menos de 250 euros entre todos. El único consejo es que no vayan en horario de fin de semana y piensen que Herodes lo haría mejor que Javier Urra como defensor del menor.

La sorpresa contrasta con la última visita a **Arzábal** (Menéndez Pelayo, 13) durante los prolegómenos del Madrid-Real Sociedad. Como había ahorrado en la víspera en Mis Tradiciones, invité a mis amigas a una botella de Veuve Clicquot (95 euros) y otra se encargó de la comida (75 euros por unas gambas al ajillo, una ración de oreja y un *steak tartar* de ejecución lamentable). Solo diré que Arzábal es un lugar que fue bueno y fiable antes de que sucumbiera al tardeo de provincias, aunque se sea de Nueva York. No hay mayor prueba que ese retrete del baño que tras un domingo de clientela resacosa tenía más restos rupestres (imaginen) que Altamira.

No me gusta criticar los sitios en los que he sido feliz. (Recuerdo el cubo de mantequilla que me sirvieron la primera vez que fui). Como contrapunto, hay que destacar de nuevo el **Bar H Emblemático** (Castelló, 83), hermano pequeño de Hevia, el célebre establecimiento sito en Serrano que nunca falla. Se trata de un bar bueno de toda la vida y con los precios de siempre. Ensaladilla, croquetas de jamón, alcachofas, chistorra, gildas, buenas latas… Nos costó 25 euros por barba con unas cervezas.

Bar H Emblemático da cierta esperanza sobre que las nuevas generaciones (en este caso, la tercera) continúen haciendo lo que hicieron bien sus padres. Es bueno no querer morir de éxito ni permitirse que un solo cliente salga insatisfecho. Incluso cuando solo va al baño.

Trèsde, un restaurante barato que un día será caro

La afinidad se forja mucho más con los odios que con los afectos, como prueban todos esos refranes sobre el enemigo común. Cité a tres colegas de palique para rajar de algunes incautes que nos generan cierta antipatía común.

Un amigo de mis padres, que era militar y se llamaba Churruca, solía sentarse a cenar al grito de «vamos a criticar, que une mucho». Y es verdad. Al final, siempre es agradable hablar de los mamoncetes que abrevan sin rubor de lo público y del favor de los importantes. Empezamos descuartizando a algún escribiente que va de maldito, pero que parece bendecido por los chulos de las musas. Y eso que fui la única que me tomé alguna copita.

Trèsde, en Cava Alta, 17, es uno de esos sitios en el que los cocineros formados, como en este caso, en Montia, el Ritz, Saddle o Santo Mauro ensayan antes de poner en marcha restaurantes, digamos, más ambiciosos, si es que hay algo más ambicioso que poner en marcha un negocio propio y pagar las nóminas.

Trèsde ofrece la oportunidad de comer muy bien a un precio muy comedido. En la mayoría de los casos, 41 euros además del vino, que es lo que vale el menú compuesto por un primero, un segundo y un postre en el que inteligentemente han incluido un plato de quesos, una opción que se descarta en otros sitios de corte similar.

La verdad es que, en realidad, acabamos pidiendo la carta que, por tamaño, lógicamente, es limitada. Nos tomamos una

versión madrileña de la caponata siciliana, alubias con gambón
(tan ligeras que incluso los estómagos más aéreos estaban a salvo
de los conciertos de la media tarde) y un *steak tartar* que nada tenía que envidiar al de otros lugares más conocidos de Madrid.

Después, yo me tomé una trucha buenísima —la última que
había tomado en mi vida fue un día en la sierra que tenía una
lonja de beicon como una suela de zapato—; y las otras dos personas pidieron una ración de butifarra, que nunca deja de ser or-
dinaria (y esta parecía ligeramente circuncidada) y unas albóndigas de cordero y hierbabuena con ñoquis. De beber, mis
acompañantes tomaron una cerveza sin alcohol y agua con gas,
pero yo me bebí dos o tres copas de tinto que me aconsejaron.
Estaba buenísimo, como todo lo que comí. Nos soplaron menos
de 50 euros por barba.

WOWCRAB, ESE SACO DE MARISCOS CAJÚN A 35 EUROS

Cualquier cosa que le cuenten de Wowcrab (Bravo Murillo, 97) no es verdad. Lo único que es de verdad —y llena— es el olor como almizcloso que deja en las manos la salsa —cajún, dicen ellos— en la que bañan el marisco. (Pedimos el número 2 de cinco de picante). Aunque el restaurante provea al cliente de guantes como de gasolinera. Evidentemente, sabían que el trance alimenticio —que no gastronómico— no necesitaba de coartada quirúrgica, salvo ese llenarse la barriga que garantiza cualquier *fast-food*. Y ese es el caso de Wowcrab, aunque a mí, como a ustedes, seguramente nos lo mandaran como una réplica guiri —o china— de nuestros mariscos a paladas. Nada que ver. ¡Viva España!

Invité a dos amigas a comer y solo me soplaron 115 euros. Y tomamos nueve cervezas que costaban 3,50 euros. Como los refrescos.

En Wowcrab todo tiene la premura de lo industrial. Pides por *app* cualquiera de los cuatro combos con productos de lo más misteriosos. Por experimentar, elegimos un combo para tres con «racimos de cangrejos de las nieves», cangrejos de río y mejillones y gambas sin cabeza. Fuera de nuestro interés quedó el bogavante, el camarón tigre gigante, las cigalas, las bolas de surimi de pulpo y suponemos que las cabezas de las gambas, que, evidentemente, nos salvamos de chupar.

En el mismo revoltijo que volcaron sobre la mesa había mazorcas de maíz, patatas y unas salchichas como de tofu... Probabas una gamba sin cabeza y te sabía a pollo sin ídem; los cangrejos de las nieves no sabías lo que eran; por no hablar de los mejillones —chiclosos como ya saben ustedes qué—... Como ya he demostrado desde que soy responsable de estas líneas, soy de boca dura y de billete facilón, pero si ustedes se pueden gastar 115 euros en invitar a dos personas, llévenselas a cualquier bar donde sirvan un buen bocata de oreja o huevos fritos con patatas o incluso a cualquier McDonald's o Burger King. Le saldrá más barato y saldrán con la barriga más satisfecha.

Por no tener, Wowcrab no tiene ni esa gracia que se atribuye a los lugares de mariscos sin complejos. Este es tan calculado como la maquinaria de un reloj de plástico. Hay mil opciones. No lo intenten ni por hacer la gracia.

La mejor marisquería

No imagino a muchos finolis dejándose caer por el nuevo Soho madrileño, que es como los inmobiliarios llaman ahora al Tetuán de toda la vida. (También se lleva mucho referirse a Usera como Chinatown).

Una vez me preguntó un político del PP si yo era de esas que estaban en contra de la gentrificación, que es una palabra horrible para lo que es el aburguesamiento de los barrios populares, con lo que eso implica. Y generalmente, además de una subida masiva de precios de la vivienda y la colonización de inversores extranjeros, supone aperturas de restaurantes de quinoa, aguacate y *tataki*, y la huida de los vecinos. Llevaba desde antes de la pandemia sin volver a **La Castañal** (Berruguete, 78), marisquería de referencia en Tetuán, que no el Soho madrileño, y uno de los mejores lugares para forrarse a marisco sin que eso suponga un quebranto absurdo de dinero. (Y digo absurdo porque está bien que se pague la calidad del pescado —excelente— en lugar de la decoración o la ubicación en algunas de las millas de oro que ahora proliferan en Madrid). Invitó el marido de mi amiga y le costó 75 euros. En cualquier otro lugar le hubieran soplado 150.

La Castañal es un lugar de barrio que tiene siempre pinta de estar abarrotado. El personal es de esa efectividad sucinta del camarero de camisa blanca, y sin rollos, que se sabe lo que han comprado en el mercado o si no es el mejor momento para comer navajas. Fui con un matrimonio amigo que suele ser bastante entregado a comer y beber. Pedimos varias botellas de blanco y, aunque nos ofrecieron percebes, preferimos centrarnos en las quisquillas y las zamburiñas, que rara vez he visto tan llenas y gordas. Nos empezamos a fijar en la mesa de al lado, en la que estaban sentados dos señores mayores con un perímetro abdominal puntiagudo por su evidente afición a los whiskazos (luego se tomaron dos) y a apretarse las filloas como Terelu los churros.

Llevaban como una media hora sin hablar, centrados en la disección y el posterior chuperreteo de un centollo descomunal. Su silencio nos hizo valorar el siguiente paso de la cena y nos pedimos un centollo, amén de cigalas y almejas. Y es verdad que era buenísimo y muy fresco. Acabamos con una filloa.

Y luego, si tienen ganas, déjense ver por el bar **Los Morales** (Francos Rodríguez, 66): callos, torreznos y croquetas. Quizás se deba a mi leve (¿leve?, ¡ja!) deje reaccionario, pero era gozoso no ver a comensales en busca de imposturas ni gilipolleces. Solo gente que quería comer bien, sin complejos, alergias…

Aprejki en el Villamagna

El término *pop up* es algo que habría que proscribir del vocabulario, aunque sea una de las palabras favoritas de las revistas. Con lo bonito que es decir «efímero», referido a cualquier instalación caduca. En el hotel Villamagna (paseo de la Castellana, 22), han vuelto a abrir este año el llamado Chalet, un sitio que emula los restorancitos alpinos en donde se puede comer *fondue*, *wiener schnitzel* y *apfelstrudel* con champagne, si usted así lo desea. De ahí que hayan apostillado el Chalet (pronúnciese *shalé*) con un Ruinart, por la famosa casa de champagne que patrocina el restaurante efímero. Pues Arruinar hubiera sido más adecuado, dados los 85 euros por persona que nos soplaron por el almuerzo. Y eso que solo bebimos cerveza. Nada más.

Por supuesto, hay que ser consciente de lo que cuesta mantener la instalación más allá del queso fundido y los trozos de pan (poco dinero en materia prima) y que lo que se paga es la experiencia, el ambiente, la tontería... (Nada si usted quiere y puede permitírselo). Y por ver a un montón de bobos —casi ninguno nacional— disfrazados como para ir a Gstaad a pillar un *michonario* cualquiera. En efecto, ahí apareció alguna Marita con abrigo de visón tintado de rojo, gafotas de sol para la nieve y atuendo de Catwoman.

Ellos, los *michonarios*, iban más discretos. Ya saben el *look*: vaqueros, cuellos vueltos y abrigo de Bárcenas. Gunter Sachs de polígono pasados por el algoritmo de Instagram.

Hace tiempo que en muchos sitios de Madrid ya no se va a comer, sino a la fotico; en este caso con los visones y los esquíes de atrezo.

Comimos en el primer turno porque, al haber mucha más gente tan tonta como nosotros deseando ir al *shalé*, hay otro turno a las tres y media. ¿Merece la pena? Pues como todo. Si usted tiene, no le importa y le apetece, está bien por verlo... pero 85 euros es mucho dinero. Otra cosa es que sea divertido ver a la pléyade de miss Caracas 1987 con sus mayores de edad vestidos de Balenciaga.

La conclusión es que al Chalet del Villamagna no se va a comer *fondue*, sino a un espectáculo en el que las risas están garantizadas si no le importa gastar. (Y, además, el hotel para consumar está a distancia de queso fundido). La *fondue* no es nada del otro mundo; ni tiene caviar ni hay ninguna señorita que se la eche por encima que... Y pienso en ese queso resbalando por las comisuras que...

CHURRO DE SOBRASADA EN SA BRISA

Me ponen nerviosa todos los nuevos palabros relativos al ocio. Asesinaría a los que dicen *juernes*, desean «feliz viernes» y presumen de hacer *ponzaning*, que es irse de tapas por esa calle estupenda que es Ponzano. Desde que Madrid Central se ha convertido en un parque de atracciones para ricos y turistas (en mi calle hay dos nuevos locales consagrados al aguacate, paradójicamente uno de los cultivos más devastadores desde el punto de vista de los recursos hídricos), hay que salirse del contorno rojo que delimita la zona para encontrar cierta personalidad. No nos gusta la palabra gentrificación, pero hay que reconocer que el aburguesamiento avanza para regocijo paleto.

Las cenas hacen extrañas compañeras de mesa. El otro día con Rosa Montero coincidíamos en que Retiro es de los pocos barrios que en Madrid aún conservan ese aspecto poco teatral. En Retiro se vive de verdad. Sin imposturas ni señoras (no eran chavalas) en chándal de 2.500 euros parloteando sobre capuchinos de leche de almendras.

Los jóvenes trabajan y las viejas meriendan. Y están las calles con sus restaurantes, cuya declinación en *ing* es afortunadamente imposible. Doctor Casteling, Lope de Rueding o Menéndez Pelaying suenan a locutora de la Cope.

Se puede empezar a media mañana con una copita de champagne y unas ostras. Las de La Raquetista están buenísimas pero las de Sa Brisa (avenida de Menéndez Pelayo, 15) no les van a la zaga. El restaurante ibicenco —excelente Gonzalo Aragüez— es una buena aportación. El domingo probamos el perrito de tempura de calamares (la mejor reinterpretación del clásico madrileño que me he comido), una especie de churro de yuca relleno de sobrasada y una gamba con papada. También unas croquetas de coliflor como en *parmentier* y un buen arroz de matanza. No toda la carta era, digamos, poco dietética. Había ceviches y guisos de pescado teóricamente poco calóricos, pero bueno.

Habíamos pasado la mañana en el hospital. A mi padre, que aún no tiene esa edad, le han operado de algo complicado y a nosotros nos entraron unas ganas irrefrenables de vivir. ¡Qué me dicen de todas esas pasajeras que no quisieron tomar postre en el Titanic! Así que nos bebimos varias botellas de San Román y otras tantas de Mauro. Después, nos arrastramos hasta el hospital. Cuando la enfermera pasó su revisión, nos encontró a todos peleándonos por echarnos la siesta en la cama de mi padre, que se había trasladado al sillón con el desfibrilador.

En El Flaco se come por 55 euros como en un restaurante de una estrella Michelin

Mi padre tiene salud de pollito de alondra. Esto es, que tiene un corazón frágil que le tiembla como una hoja seca en el árbol cuando sopla el viento. Uno de los cardiólogos que habitualmente le cuidan, Miguel Orejas, es lector habitual de estas crónicas y me aconsejó ir a El Flaco (Javier Ferrero, 8), que abrió en 2016 Andy Boman, responsable de aquel Gingerboy que tanto gustaba a nuestro Fernando Point.

La persona que me acompaña a El Flaco es abstemia pero en cuanto ve la carta no puede resistirse a pedir un vino blanco pese a esos dolores de cabeza que me suenan a una excusa para maridos pesados. (Edurne dice que la viagra es la mayor putada que nos han podido hacer a las mujeres de 60).

La carta de El Flaco me recuerda a la de Sudestada, cuyo cierre con la consecuente privación de su carrillera con curry no ha sido superada por mis papilas gustativas. Afortunadamente la lectura de la carta palió la sensación de nostalgia. Pedimos un bao (un bollo cocido al vapor relleno) de panceta cocida en caldo cantonés, el tartar de cordero con tahini y piñones, y el tuétano a la brasa con curri malayo y pan roti, que es el pan de India.

Como a Pilar le quedaba un poco de vino quisimos añadir el secreto ibérico con curry massamam (leche de coco, cacahuetes, patatas, cardamomo, canela) y cebollitas, que estaba buenísimo y que hubiera propiciado que pidiéramos otra botella, pero decidimos abstenernos. Ignoro si Andy Boman sigue a cargo de El Flaco porque hace unos meses abrió **Ultramarines del Coso** (San Joaquín, 16) con el patrocinio del grupo Lamucca. Pero, si así ha sido, su ausencia no desmerece la cocina de El Flaco, casi digna de una de esas estrellas exóticas que ahora iluminan Madrid. (En cualquier caso, el restaurante se llama así porque el cocinero sueco es altísimo y está hecho un noodle). Invité yo. Me costó 110 euros.

Le Petit Dim Sum (Lagasca, 48) es la última apertura del grupo China Crown en Madrid. El miércoles me mandaron un correo en el que me contaban que ofrecían un menú de dim sum. Hace unos meses estuve en el restaurante Shang Palace en el Sangri-La de Paris. Allí la pasta al vapor de los dim sum y las obleas del pato se deshacían con el mero roce de la lengua, con la consecuente fusión de la pasta finísima y la carne prieta de la langosta o de la tajadita de cochinillo. No se puede decir lo mismo de Le Petit Dim Sum de Madrid.

Sin embargo, en el Shang Palace te soplaban seis veces más, por lo que no es reprochable que el bocado de los dim sum madrileños sea seis veces menos sublimes, lo que no quita que estén buenísimos. Nos costó 49 euros por barba, con vino. La croqueta de pato estaba buenísima y el maitre es uno de los más dedicados de Madrid. Llegamos a comer a las 15:30 y no nos metió prisa y estuvo muy atento. Lo mejor, el dim sum de wagyu. Nivel Shangri-La.

EL SEÑOR PEPE CON MI GENERAL

Me gusta que abran restaurantes cerca de casa a los que pueda ir sin tener que planificar o reservar. Sobre todo si es agradable y se come muy bien. La improvisación, como el tiempo y el espacio, son los lujos más preciados. El Señor Pepe (Castelló, 1) se ubica en el mismo lugar que el efímero Don Dimas. Pero al contrario que su predecesor, en Don Pepe se apuestan por clásicos que no pasan de moda, para comilones a los que les gusta disfrutar. Como cada par de meses con el general bonito, que me tiene prohibidos los inventos. Esto es que no quiere ni espumas, ni platos orientales, ni esa gente que se autodenomina como vanguardistas. Al general le gusta pedir croquetas, ensaladilla, calamares y esas cosas que le evocan cuando era alférez sin estrellas y hasta el rancho le sabía a gloria. Don Pepe es perfecto. Sirven un jamón con pan de cristal que nunca falla y cuesta 28 euros la ración, aunque te dejan pedir media. Pedir jamón en los sitios es de ricos, por lo que no es algo que acostumbre a hacer. Después, le dejo que pida una croqueta que yo no como por aquello de las dietas. Es de jamón, bastante líquida. Para terminar, la ensaladilla de langostinos y mayonesa de limón. Es de las pocas que no lleva atún, lo que seguro que gustará a mi amiga Rosario que es de las que considera que poner atún en la ensaladilla es un sacrilegio. De verdura tiene lo que se cultive en la temporada. Guisantes y espárragos en la primavera. Les recomiendo que se reserven para la tortilla abierta de gambas con piparras, inspirada en Sacha. De segundo hay carne y pescado, preparados de forma muy clásica. Yo me tomé un rodaballo, pero, si me hubiera dejado llevar por las ganas, creo que hubiera preferido los judiones con tendones, cigalas y rabanitos. Me disuadió el calor y que no sabía si el general iba a acompañarme en la segunda botella de vino. Otro plato que tiene muy buena literatura son los garbanzos con rabo de toro relleno de *foie gras*. (Lo tomaré si voy con pantalón de goma). Pedimos una tabla de quesos de postre y algo de chocolate. Al general, que invitaba, le costó 70 euros o así. Es de esos que no deja mirar la cuenta a sus invitados.

Otro restaurante cercano que también permite improvisar es **La Bien Aparecida**, en Jorge Juan, 8 y, como en **Cañadío** (Conde de Peñalver, 86), se come estupendamente. La carta no admite fallo: pastel de mejillones en escabeche, las croquetas... ¿qué les voy a decir? La última vez que comí en La Bien Apareci-da me tomé un potaje de vigilia que es lo que es el guiso de gar-banzos, bacalao y espinacas que ofrecen en la carta. Lo ponen en una sopera, y el caldo, pese a ser suave, sabe a los ingredientes, perfectamente ligados. Nos lo atizamos con una botella de Viña Tondonia por aquello que ese día acababa la Cuaresma y podía-mos romper la autoimpuesta abstinencia de alcohol. De pequeña, hubo un guarda llamado Gabino, que siempre hacía un curioso brindis: «Sangre de Cristo, tiempo ha que no te he visto, y ahora que te veo, te meto un buen meneo». Al final fueron dos botellas. Se me fue la broma a 90 euros por persona.

LA CAZA DE MADRID

Para mí la caza no tiene defensa en la tradición. Ni siquiera en los puestos de trabajo que dicen que genera (que seguramente serán más). La mejor justificación de la caza siempre debería ser la ecología y el bienestar animal. Esto es, que los animales viven y también mueren mejor que los estabulados y en un entorno cuidado. Y eso se nota en el sabor.

En Madrid me gustaba mucho ir a **Arce** (Augusto Figueroa, 32). Hace un tiempo estuve con un pretendiente (o eso presumí yo) de apellido rimbombante y lista Forbes, que pidió toda la carta (la caza de temporada), los magníficos escabeches, la cuchara de turno y el Wellington. Presumí que iba a invitarme, porque sin consultarme quiso que nos trajeran (que yo me acuerde) un Vega Sicilia y una botella de champagne *rosé*. Después remató con palos cortados, pero, al final, el palo me lo dieron a mí. Ya estaba yo dispuesta a deshacerme en agradecimientos y halagos a su saber de gastrónomo cuando me dijo con naturalidad: «Son 250 euros cada uno». Deduzco que me debió de ver tan económicamente empoderada que imaginó que no querría quedarme fregando platos. Me jodió todo el mes, pero al menos todo estaba buenísimo.

Para comer caza, nos fuimos una vez a **Horcher** (Alfonso XII, 6) Arcadi, Cayetana, Rosa y yo. Arcadi no toma pájaros, pero las tres pájaras, caníbales, nos atizamos unas becadas (la cabeza, como la del zorzal, es como un Ferrero Rocher adulto), una ensalada de bogavante, y un *goulash* húngaro. Aunque bien podrían haber sido las perdices a la prensa, corzo o el *ragout* de ciervo. Bebimos fino y no superó los 110 euros. Visitar Horcher siempre es una maravilla. Eli, la dueña, es una de las tías más divertidas y simpáticas de Madrid. Y con su retranca. A veces, pocas, las guapas son así.

Sin extenderme, también sirven bien la caza en **Treze** (General Pardiñas, 34). Destacan el gamo, que es casi tan suave como el corzo, el conejo de dehesa y el pato en royal con *foie*. Cuesta como 60 euros por persona. Afortunadamente, este año han abandonado el grouse, tan típico de Escocia pero que hace unos años se comía en los restaurantes de Madrid como si criaran en los Yébenes.

Y si lo que les apetece es cocinar en casa, déjense caer por Higinio (mercado de Vallehermoso) o por Pollería Gómez (mercado de Chamartín). En cualquier caso, la mayoría de las veces, lo mejor es tener un amigo que sea buen cazador con el respeto a los animales que eso debería suponer.

Una gilipollas que reincide en Verdejo

Volver a Verdejo (General Díaz Porlier, 59) —a Marián, a Laura, a Cristina— es volver a casa. Y eso que Marián me dijo que la primera vez que fui le parecí la clienta más puñetera (yo hubiese dicho «gilipollas») junto a Arcadi (y eso que fuimos por separado). Después, ya juntos, podría decir que nuestras vidas se pueden forjar en cenas o comidas en Verdejo. Como las de Cayetana, Rosa, Cate, sus padres, los míos… «Nuestras vidas son los ríos que van a parar al bar que es…», decía Manrique. Mi plato favorito (y el de Arcadi) son las albóndigas de cazón y sepia (5 euros la unidad). O los salazones que reúnen lo mejor de esa técnica que nos legaron los fenicios (al menos eso fue lo que aprendí en el cole). El mejor es el de ternera, pero la caballa también es una pequeña maravilla. La ración cuesta 24 euros. Diría que volver a Verdejo es volver a su localito sito en Espartinas. Pero no, hasta en eso Verdejo, que ahora se apellida tabanco además de taberna artesana, ha decidido cambiar para seguir igual de mejor porque se han trasladado a un precioso restaurante en General Díaz Porlier, 59 en donde no existen las angosturas de antes. Como me debo a los lectores, fui a conocer con Cayetana, Isadora y Carmen nuestra nueva meca que es la de siempre. No te hagas ilusiones, Teo, que no hablamos nada de ti, sino del acierto de Marián de incluir en la carta chicharrones, carne mechá y mollete de pringá, lo que denota lo bien que se lo pasa en sus garbeos por el sur con Javi y Sara.

Por supuesto, como me han dicho que soy anémica (pese a mi dosis de vino tinto), pedimos una ración de berberechos, gordos y embutidos en unas conchas que sabían a mar cuando sorbías el liquidito atrapado.

Después nos tomamos unas pencas rellenas (5,50 euros) de algo tan bueno que seguro que no se las pedirían ese grupo de *influencers* que se autodenominan así: las Pencas. También un revuelto de setas y, para acabar, un cuenco de verdinas con cocochas de bacalao al pilpil (26 euros cuesta la ración). Creo que nos tomamos también un revuelto de setas y níscalos, pero estábamos tan centradas en hablar de lo jodido que es perder siempre aunque tengas razón, que no me acuerdo. Quizás fuese ese vino blanco que nos eligieron. Me gustó mucho pese a que soy mujer de tinto.

Albóndigas de postre en Barrera

La primera vez que mi querida madre me llevó a Cándido, en Segovia, le pregunté si el cochinillo que estaban troceando con el plato (esos rituales hay que respetarlos siempre) era el cerdito trabajador. Es evidente que había leído el cuento clásico revisado por Yoli y que aún no había escuchado las codas del *podcast* de Arcadi sobre los cerdos felices que, al contrario que las familias de Tolstoi, lo son a su manera (la de Joselito, normalmente).

Los cabritos, como los cerditos, han protagonizado también esos relatos infantiles que suelen ser bastante tétricos, aunque aleccionadores para no fiarse de los extraños (y para saber que los cerditos vagos acaban siempre de okupas en la casa del trabajador). Pero mejor no leer «Los siete cabritos y el lobo» antes de visitar Barrera (Alonso Cano, 25), porque el cabrito que ofrecen es de los mejores de Madrid.

Barrera es siempre un gran sitio al que ir. Tiene pocas mesas, es tranquilo y Ana Barrera, su propietaria —eso he leído en internet—, es la mar de simpática, aunque singular en el buen sentido. De beber pedimos Leda (mucho) que en Vivino vale más caro que lo que nos cobraron y estaba muy bueno. Sería que le caímos bien a la señora cuando le pedimos unas albóndigas buenísimas de postre. (No somos lamineras). Empezamos la comida con unas setas cocinadas de diferentes formas (Leda me llevó al huerto como a un cisne cualquiera), dos raciones de gambas a la plancha, las famosas alcachofas... (Ya las glosó Fernando Point hace unas semanas) y rematamos con el cabrito (costillar y pata) con ensalada (por aquello de la dieta). Además de comernos de postre las albóndigas, que son como tomar unas buenas de casa. Como Rosa no se puede resistir, pidió un tiramisú y una tarta de limón que nosotras no probamos. (En justa venganza, no le permitimos catar una sola de las patatas que acompañaban a nuestras albóndigas de insólito postre).

Nos cobraron 70 euros por persona, un precio razonable considerando las tortas que te meten estos días con vinos bastante mediocres. Lo mejor de Barrera, sin duda, es la cocina, sin exceso de aderezos. Se notaba, porque, al echar la siesta en casa, no sentí en ningún momento el peso de las piedras con las que la abuela de los cabritos rellenaba la tripa del lobo. Eso sí, las ganas de tirarte al río para beber las tuve. El Leda —¡qué bueno!— tuvo la culpa.

SÁNDWICH DE *FOIE*, CAVIAR Y *STEAK TARTAR* DE RURAL

La invitación a Rural (Marqués de Cubas, 8), el restaurante de carne que ha abierto Rafa Zafra (Estimar), le costó a mi amiga (rica) 380 euros. Y solo éramos dos en la mesa. Y no habíamos pedido ni los chuletones con vetas de grasita como de mármol ni otras delicias cárnicas que nos habrían hecho salivar si no hubiera estado mal poner perdido de babas un restaurante tan bien puesto y bonito como Rural. También le dije a mi amiga que no pidiera nada de caza. Caza que, como saben los lectores habituales, no suelo comer fuera de casa.

Me empeñé en probar la terrina de perdiz y pistachos con un pan como de brioche que estaba muy bueno. Como el del aperitivo, ya normativo, con el que te ponían unas gachas para untar. Y unas aceitunas prodigiosas. Después nos pedimos unos guisantes del Maresme con bull negro, que es un embutido (los traen de Cal Rovira) de carne de cerdo, sangre y corteza.

Por supuesto, el bikini de caviar, *foie* y *steak tartar* solo podía estar bueno, aunque ya imaginarán el lógico sopapo económico. Quien avisa no es traidor. La mezcla no podía fallar. Como la del bocata de chorizo con mantequilla que preparan las madres de merienda. Lo mismo puede decirse de la tostada de tuétano con caviar y (bastante) trufa. Imbatible como los embutidos de Joselito y ese mollete de papada al vapor con mostaza que no quisimos pedir porque la persona que estaba conmigo no me iba a dejar pagar mi parte, pero… no pude sino quedarme en silencio cuan-

do propuso el sandwichito de caviar. «Pues caviar mismo», siguiendo el «lubina mismo» de Hernández Ros. Tampoco quisimos comer cochinillo por ser algo más habitual, aunque hubiera
estado bien probar la versión del restaurante de Rafa Zafra. Lo
hice cuando un par de meses después fui con Rosa Belmonte a
celebrar la revisión de un manuscrito. Nos privamos de algunos
platillos, bebimos vino de la casa (el Tritón que está buenísimo) y
solo pagamos 120 euros por barba.

Lo único que insistí en pedir, quizás por consejo de uno de
los camareros, fueron las láminas de trufa blanca (ahora estamos
en temporada) en carbonara con yemas de huevo, muy amarillas
y untuosas. Y no nos equivocamos. Puede decirse que es una de
las cosas más buenas que he tomado. Pero no se sorprendan por el
susto económico cuando les llegue la cuenta. Ya les he advertido
en la primera línea. Y eso que cuando me invitó mi amiga nos
tomamos un Señorío de Cuzcurrita que cuesta 40 euros y estaba
estupendo.

La mejor carne de todo Madrid

Le pregunté a Eric Vernacci, es de los que saben en Instagram, cuál es el mejor restaurante de carne de Madrid. Charrúa o Julián de Tolosa ya los conozco, así que le hice caso y reservé en **La Taberna de Elia**, en Pozuelo, que tras tantos meses de encierro sonaba a travesía a la Cochinchina. Pese a Greta y lo que vaya a ser la carne impresa en 3D de Bill Gates, no hay nada que guste más a un español que un cacho de carne (sin sicalipsis). El filetón (de ahí lo de darse el filete), el chuletón, los solomillos... Cortes que no son las de Cádiz sino de bovino. Otra cosa es el bobino, lo que hay en las Cortes de Carrera de San Jerónimo. Siempre me ha sorprendido que los viernes de vigilia uno pueda hartarse de venerable langosta y renunciar al humilde torrezno. Así que no pasará nada cuando el papa Francisco nos diga que comer carne es pecado por el cambio climático. Aunque cierto es que algunas prácticas de ganadería intensiva pueden ser cuestionables. De ahí que la carne de caza natural pueda ser considerada la carne más sostenible, palabro repugnante que sirve para tener cita en los presupuestos de la agenda 2030.

La carne de La Taberna de Elia no procede de ganadería extensiva, sino de —y se nota en el sabor— animales tratados con respeto y cuidado. En la carta también hay carne de esas vacas a las que dan masajes y vino blanco mientras escuchan a Bach (más o menos lo que hace una señora del barrio de Salamanca). Comer carne buena es una de las mejores cosas del mundo. Es masticar vida que también es muerte. Y como diría Tamara, nosotros estamos en la cúspide de la pirámide. Y eso que el libro con el que más he llorado es ¡*Adiós, Cordera!*, de Clarín.

Me acuerdo de una comida con Jordan Peterson que tuvimos Arcadi, Cayetana y yo. Era esa época en la que «el intelectual más odiado por la izquierda» acababa de publicar *12 reglas para vivir* y había que comparar a los chicos con las langostas de vigilia de ricos. Peterson nos llevó a un sitio de carne porque es lo único que podía comer por una complicada enfermedad que también afecta a su hija. Ni siquiera probó los pimientos del piquillo mientras pontificaba… La verdad es que, como Peterson, yo también podría comer solo carne (otra cosa es que acabara aburrida). Tiene muchas propiedades, no engorda y es ideal para esas dietas sin hidratos de carbono que son tan efectivas, aunque, según dicen, poco saludables. Cate es mi compañera en este tipo de ingestas. Nos habían recomendado un corte de Simmental sin mucha maduración. El punto a la brasa era perfecto. Tomamos medio chorizo criollo y mollejas.

Luego finiquitamos el chuletón y de postre pedimos solomillo con ensalada de tomates. ¿Y una tarta? Eso engorda. Con dos botellas de vino fueron 70 euros por cabeza. Sí, es el mejor restaurante de carne de Madrid.

Hamburguesas más o menos

Cuando éramos jóvenes, pensábamos que las imprudencias no se pagaban y conducíamos alguna vez con copas de más y reflejos de menos. Una vez que pararon a mi amiga Bea, se puso tan nerviosa que para sacar mejor nota en el test de alcoholemia se comió el pintalabios. Acabó en el calabozo porque el rouge no le bajó el 0,7 y era incapaz de caminar sin hacer eses. Al día siguiente la recogió su novio con esas palabras de amor que reconfortan la peor de las resacas. «¿Costillitas o hamburguesote?». Y Bea se puso en esa situación en la que hemos estado todos a los que las noches de ronda nos quitan días de vida. En Madrid hay muchos sitios en los que se puede resolver el dilema. Y no hace falta ir a **Dani** (Sevilla, 3) en el Four Seasons, que en su día visitamos Rosa y yo con Cayetana y Arcadi, y pagar 32 euros por la hamburguesa Rossini con Simmental y *foie*, que es de lo mejorcito de la carta. Por no decir **Horcher** (Alfonso XII, 6), en donde se puede tomar su clásica, que vale cada uno de los 43 euros que cuesta porque viene acompañada de patatas suflé. En realidad, en vez de hamburguesa la podríamos llamar filete ruso (no lleva pan), en el que se mezclan, en una proporción divina, ternera y solomillo de buey.

Cambiemos de liga. Con la resaca, cierto picante ayuda a asentar estómagos. Por eso, mi favorita suele ser la hamburguesa picante de **Bentley's** (Alcalá, 105), con jalapeños, queso cheddar, cebolla roja y salsa cremosa, que cuesta 14 euros si se pide con la carne de trescientos gramos. Con lo que el picante hace sudar se aplacan las conciencias.

Pero si nos complace seguir pecando o refocilarnos (esta palabra me la enseñó un suegro mío aficionado a los crucigramas) en la culpa judeocristiana, merece la pena pasarse por el pequeño **Gobu** (General Pardiñas, 8), en donde las hamburguesas se hacen al carbón y, a veces, ofrecen variaciones bombásticas, como la hamburguesa con torreznos y patatas revolconas. O una quizás en exceso titánica, como es la recubierta de callos. También hay una con papada ibérica (a partir de 13,90 euros). Hace un par de meses, descubrí **Toro Burger** (Infanta Mercedes, 17), que presume de servir la mejor hamburguesa de queso del mundo por 12,90 euros. Cualquier opción es buena, sobre todo si llevan *creamcheese* casero, mermelada de cebolla y doble cheddar derretido en el vapor de cerveza… pero en especial ese extraño invento que solo al leer engorda, la baconesa: mayonesa con beicon ahumado. La mejor, sin embargo, dicen que está en la **Bistroteca** en la calle Espartinas, 7. La hamburguesa poblana es la mía.

Otro día hablaré de las costillas.

Latxaska Etxea, chuletón sin cuentos

Dediqué algunas líneas a Latxaska Etxea (paseo del Molino, 8) en un recopilatorio sobre dónde comer carne en Madrid. El pasado miércoles volví con Marta Botas con la promesa de ponernos tibias, por lo que acudimos con nuestros respectivos pantalones de goma, propicios para evitar reventones, y las papilas gustativas supurantes.

Enseguida nos gustó (volver a, en mi caso) entrar en un restaurante lleno de locales con ganas de disfrutar comiendo. Sin pretensión de aparentar ni necesidad de retransmitir el instante de lo último, ni el emplatado, ni alguna escultura con luces moradas. (Postureo, como salseo, son palabras horrorosas). Latxaska ha evolucionado en estos meses que no la he visitado.

La carne sigue siendo excelente, aunque los pescados, también a la parrilla, son estupendos y merecen otra visita. Marta y yo somos muy comilonas y estábamos decididas a estirar la tarde todo lo que el trabajo nos permitiese con pacharanes y orujos si se terciaba. Nos dejamos guiar por la temporada y por Carlos, el propietario, que atiende mesa por mesa. Nos comimos un flan (casquero) con callos de bacalao sobre la propia piel que estaba buenísimo. Después —es tiempo—, unas alcachofas en cama de coliflor y una yema trufada sobre la que se fundía una lonja (me gusta más que loncha porque suena a las antiguas traducciones) de papada. Y unos boletus con demiglás de rabo de toro y un huevo poché. Para rematar nos tomamos una chuleta Simmental

que, pese a tener cuarenta días de maduración, no tenía ese regusto a cuero que tienen algunas carnes envejecidas.

   También nos apretamos una tarta de queso que estaba bUENÍ-
sima porque era casi como comer un queso fuerte. De beber nos
tomamos una botella de Viña Alberdi y un poquito de manzanilla que era como seda con las alcachofas. Nos levantamos ahítas y,
por supuesto, nos ofrecieron una copa o un espirituoso. Yo no
creo nada en el espiritismo, pero Marta sí quiso pedir un pacharán con hielo. En eso me entró una llamada de Arcadi para que le
explicara la última tontería que había escrito. No pacharán. Me
sentí un poco como una Pasionaria pasada de rosca. Volvimos a
la oficina caminando. Nos costó unos 60 euros (con propina) por
barba, poco, considerando muchas variantes, y sobre todo, los
precios disparatados en otros restaurantes madrileños. No hay
mejor inversión que la de ser feliz. Yo no me tomé pacharán, sino
otra cosa que...

San Mamés, un clásico que no pasa de moda

Últimamente se dice algo en Madrid que da un poco de mal rollo: «Es que abren tantos sitios que es imposible ir a todos». Y este agobio del primer mundo es algo ridículo considerando que no todas las novedades merecen la pena (ya leerán próximas decepciones en estas líneas).

De la Taberna San Mamés (Bravo Murillo, 88) se glosan mucho los callos —«los mejores del mundo»— y el bacalao, y que juntos forman ese mar y montaña que es lo que pido siempre y que sorprendentemente maridan, como dicen los cursis, a la perfección (al menos mucho mejor que el torero Juan Ortega, que dejó a su novia tirada en el altar). Pero se habla poco del lugar, a prueba de selfis porque lleva igual desde que lo empecé a frecuentar con mis padres. Otra de las cosas que hay que comer son los garbanzos de Fuentesaúco (eso pone en la carta) con *foie*, que están sorprendentemente buenos y ligeros, lo que nos garantiza una tarde libre de emisiones de metano. Y habría que destacar también la ensalada de berberechos que tiene aguacate y tomate, con la que se forma una salsa fresca (en comparación con la de los callos, que también es una maravilla) en la que se pueden mojar hasta ladrillos.

Las otras personas con las que fui se tomaron unos dados de solomillo con salsa de oporto. Una de las cosas buenas de San Mamés es que ofrecen una carta de vinos en la que se evita la clavada. Entiéndame: ahora todos los lugares se deben de pensar

que poner vinos por debajo de 50 euros es de paletos o algo así.
Sobre todo porque te suelen ofrecer botellas de unos chicos aus-
tralianos que han encontrado unas viñas que cultivaban los ro-
manos y blablablá. Y toda esa retórica es carísima.

A mí me gustan los vinos de Franco, como los llamaba Matías Cortés, que son los clásicos que nunca fallan y que también
están en la carta de la Taberna San Mamés a un precio razonable.
(Ya me imagino a Arcadi insultándome desde su cama por esto
que acabo de escribir). Nos bebimos el vino de la casa (Martínez
Lacuesta), que costaba 17 euros y estaba bueno. Pagamos 43 euros por barba y comprendí que la Taberna San Mamés estuviera
hasta arriba de gente.

ARROCES QUE NO SE PASAN EN MADRID

¿Necesitamos las mujeres ser madres?, pregunto. Arcadi dice que conoce a pocas mujeres que, salvo imperativo médico, no hubieran perseguido la maternidad con ahínco. Puede. Casi todas mis amigas son madres y más felices así que haciendo carrera. Pero estoy segura de que ese no sería mi caso y...

El otro día estuve en **Voraz**, restaurante que acaba de abrir en Fernando el Santo, 25, y me trajeron un arroz de besugo ligeramente pasado. Con el arroz, al contrario que con la tortilla de patata, no hay debate posible. El arroz no debe pasarse ni ser brillante (pese a no pasarse). ¡Toma chiste feminista, Carmen Calvo! Tampoco se debe, añadiría yo, hablar de paella de besugo cuando se presenta el pescado entero en una pequeña paella, evidenciando un tamaño minúsculo. Por eso es difícil de entender la insistencia en que lo probáramos (valía 29 euros), después de «apretarnos», así lo dice Isabel Díaz Ayuso, un bao de rabo de toro (6 euros) entre las dos que íbamos y unos tacos de costilla de Black Angus con tuétano (24 euros) que estaban estupendos. Semejante combinación solo podía estar buena. Al final, con una botella de Ramón Bilbao, nos salieron en 60 euros por cabeza. Más caro que los 120 que se gastó mi acompañante en Sacha hace unas semanas.

En **Samm** (Carlos Caamaño, 3) se toma una paella que apenas tiene un grano de espesor y unos pescados y mariscos que saben a gloria marina. Para ir los domingos hay que reservar con dos semanas de antelación, aunque la terraza merece la pena. También la carta de vinos, clásica y efectiva, como son los levantinos.

Cadaqués, en Jorge Juan, 35, también ofrece arroces —con poco cuento y sin pasarse de listos (evidentemente, no pueden ser de grano largo)— cocinados en leña. También en este caso son importantes los pescados. Casualmente, hace unos meses fui a Cadaqués con las mismas que me acompañaron a Voraz. Cayó un arroz brut con sepia, rape y almejas (32 euros) que estaba buenísimo. Tanto como las cigalitas salteadas (16 euros) y la lengua de vaca a la vinagreta (12 euros) que nos tomamos antes. Todo con un vino que estaba muy bien de precio.

Al final, salimos a 55 euros por persona, pero mereció la pena cada instante (y cada euro y cada gramo engordado), porque en las paellas es importante sentir la ligereza del arroz y, a la media hora, es impensable sentirse como la boa que se comió el elefante de El Principito.

Por si acaso, me congelé los óvulos a los veintinueve años, y si Naomi Campbell ha esperado a los cincuenta para realizarse… De momento, me acompañan en estas maternidades imaginarias.

La paella de costillas y pluma de Lavapiés

Las segundas partes nunca son buenas, dicen, pero ahí estaba yo en **María Sarmiento** (Santa Isabel, 42) dispuesta a tirarme de cabeza como una de esas bobas que tropiezan tres veces con la misma piedra.

Cuenta la Wikipedia que María Sarmiento era una noble partidaria de Juana La Beltraneja que defendió el castillo de Toro en la Guerra de Sucesión Castellana (1475-1479). Pero también es un personaje que protagoniza un cuento como el de la buena pipa que nunca se acaba... salvo que en el caso de María se fue a cag... y se la llevó el viento. Que si quieres que te cuente..., etc.

Eso con el bochornazo y la calma chicha de estos días en Madrid no parecía posible...

Se trata de un sitio de arroz hecho a las brasas de sarmiento que ha abierto hace unas semanas en Lavapiés, uno de esos barrios que cada vez están más agradables y en el que poco a poco se van abriendo mejores restaurantes.

Lo bueno de ir a Lavapiés es que permite una buena caminata antes de la ingesta. Ese afán por hacer camino me lo ha pegado Arcadi que, como yo, es uno de esos paseantes de las ciudades (aunque él es muy amante de Madrid Central).

María Sarmiento es un restaurante mínimo en el que es muy conveniente reservar. El local es sencillo, moderno aunque con ese punto bullicioso que denota que estamos en Madrid y no en Berlín.

La carta es también simple, algo que se agradece porque a lo que se va es a comer arroz y no es conveniente entretener las tripas en frivolidades que distraigan el apetito. Ponen una tortilla cremosa con cigalitas al ajillo que estaba excelente y unos puerros a la carbonara que resultaban más ligeros que el enunciado. Me quedé sin probar las ostras a la brasa y las alitas.

Como arroz, teníamos dudas entre la paella de costillas y pluma ibérica y otro seco con carabineros y calamar de potera. Pedimos el primero y la verdad es que acertamos. (Otro día habrá que volver a probar el meloso con gambas al ajillo y rape en tempura). De postre nos equivocamos pidiendo una especie de pantera rosa poco Blake Edwards. Un pelín basta y nada sofisticada. Deberíamos haber pedido otro arroz para acabar la botella de vino. Entonces sí que no hubiera habido viento huracanado que nos pudiera llevar después de cag… Nos costó 50 euros por barba.

El cruasán de pringá de atún

Antonio, en Zahara de los Atunes, es el lugar en el que el atún deja de ser eso con lo que se perpetran *tatakis*, *nigiris* y tiraditos, platillos hoy indispensables de esos lugares que te soplan 50 euros por vulgaridades mediocres.

Hacía falta en la capital un restaurante en donde el atún no fuese un epíteto de platos paletos. Tuvo que desembarcar **Bugao** (María de Molina, 4), el restaurante de Hugo Ruiz, que ha llegado para hacer del atún algo más allá de la conserva, del *tataki* o de la ventresca, merecedora de todos los elogios y ganadora segura en esa dicotomía absurda entre el producto y la alta cocina. ¡Qué bueno es llenarse la boca con uno de esos trozos untuosos!

Quedo en Bugao con una banquera que trabaja cerca y una amiga de las que beben poco (por no decir nada) y trabajan en serio sin chau chau ni utilizar palabros tipo sinergia y resiliencia. Una hace dos horas de *crossfit* diarias y la otra tiene uno de esos metabolismos que hacen bueno el chiste: «¿Por qué, si tú comes igual que yo, tú eres flaca y yo gorda? Pues será la constitución. ¿Y dónde coño dice en la Constitución que yo tenga que ser gorda y tú flaca comiendo lo mismo?».

Supongo que eso es lo que discutirán Junqueras y Sánchez en la mesa de negociación aunque seguro que si al señor vicesedicioso le ofrecieran un cruasán relleno de pringá al atún rojo (7 euros) de Bugao, hubiera afirmado que la sardana está mejor en escabeche. (Vaya juego de palabras malo).

Bugao es un restaurante digno del Estrecho. Y de las estre-
chas, no vayan a enfadarse las puritanas. Fuera de carta había un
atún con salsa Périgord que se entremezclaba con el bocado. Por
no hablar de la ensaladilla en mortero de gamba blanca y regañá
(4,50 euros) o el minicachopo de solomillo de atún, payoyo, mo-
jama y algas (7 euros). O el tomate aliñaíto con aceite. Contun-
dencias ligeras y adecuadas para las que vivimos cuidándonos.

Bugao es una de esas maravillas que puede persistir en la capital. En este caso, no hay que desmejorar la ubicación, en María
de Molina, donde tantos restoranes asiáticos han tratado de probar suerte. De aquellos queda el gusto por los cócteles y la decoración. También cierto *mainstream* que no debe de asustar al clásico. A mi amiga, *very* maciza, le costó 35 euros por persona.
Todavía debe estar quemando en el gimnasio la pringá de atún.

Un parisino gaditano

Iñaki Ellakuría tenía un bolo con Juan Sardá y yo tenía planeado, previo paso por la tertulia de Luis Herrero en esRadio, asistir a la presentación del libro de Julio Valdeón sobre Félix Ovejero en una librería cerca del antiguo Snobissimo. (La vida de los periodistas es intensa). Así que, por conocer juntos uno de los restaurantes de moda y que el catalán se terminara de convencer de lo bien que estamos en Madrid, fuimos a **Comparte Bistró** (Belén, 6), un restaurante francés con raíces andaluzas. Aunque ellos prefieren decir parisino gaditano. El local es bonito, limitado y con pocas pretensiones. La carta era muy corta. De esas que no agobian con un exceso de elecciones.

No sabíamos muy bien por qué decidirnos, pero ninguna apuesta parecía arriesgada porque todo sonaba bueno. De aperitivo, nos tomamos una croqueta de puchero cada uno. Eran de esas grandes que puedes morder pero también metértelas en la boca para que se te llene hasta que se rebose el paladar de esa textura untuosa y rudimentaria.

Después pedimos los chicharrones con tomate seco y Cantal y unos cruasancitos mantequillosos rellenos de *steak tartar* con salsa bearnesa. Estaban tan buenos como lo pueden imaginar. Eso sí, basta leerlo en la carta para engordar.

Nos tomamos nuestras dos cervezas y pedimos una botella de vino francés, cuyo nombre soy incapaz de recordar porque luego pedimos más copas. Estaba bueno y no debía de ser excesivamente caro a juzgar por la cuenta.

De postre, yo me pedí unas mollejas crujientísimas con puré de chirivía e Iñaki, que es menos rústico que yo (amén de catalán), se decidió por una cosa de chocolate que requería de mucho vino.

Hicimos lo prudente. Nos dimos un paseíto hasta donde le expliqué que vivía Arcadi. Estuvimos tentados de llamarle para que bajara y comentar la comida, pero temimos que reprobara nuestra ebriedad alegre y despreocupada (y eso que solo habíamos pagado 68 euros). Y nos fuimos cada uno a nuestros respectivos desempeños en un estado bastaste lamentable. En lo de Luis desvarié un poco con Garci y Chencho Arias, y no quiero ni pensar en lo que soltó Iñaki en su conferencia. En la presentación del libro sobre Ovejero mantuve una posición muy digna: vertical.

La gran *brasserie* de Madrid

Teresa es una persona de bien. De Bueno (de Gustavo). Y de buenas costumbres. Guapa, simpática y de Oviedo. También es mujer de criterio porque se fía del mío, aunque se ríe de este flirteo que nos traemos Arcadi y yo en esta columna. ¿Has estado en Lakasa?, me pregunta Teresa que también tiene curiosidad por la chuchería. Y como tardo en responder, me propone dos alternativas: Yugo The Bunker y Charrúa. Le digo que mejor que vayamos a **Lakasa** (plaza del Descubridor Diego de Ordás, 1) para ser más felices. Nos acompañará su marido, que dice ser fan mío como lo son todos los hombres que se lo pasan bien (bebiendo o haciendo lo que sea) con mujeres y hombres y viceversa. La última vez que nos vimos, cerramos Manero bebiendo Treixadura Bajo Velo, argumento antológico de cualquier crítica a la razón.

Lakasa es el restaurante de una gran ciudad. Es mejor que Lipp, *brasserie* que como una Gertrude Stein milenial (salvo que yo soy menos inteligente, tengo menos talento, amigos y dinero) frecuenté en mi juventud putilla, pero que me decepcionó cuando vi que la ensalada de sardinas no distaba demasiado de eso mío con la lata de Cuca (aunque, dicho sea de paso, las Cuca superaban con creces a la proteína que a mi lado ingería Carolina de Mónaco). Vamos a Lakasa sin que haya prisa ni pausa porque Teresa no es de las listas ni de las tontas. Nos reímos del Gobierno, de la oposición, de su gramática y, para no complicarnos, pedimos a César, el chef, que nos prepare un menú en el que

considerase que debíamos trabajar dos horas después y que, además, tuviera en cuenta que queremos ser delgadas. Claro, nos
dijo que milagros a Lourdes (internamente) y que mejor nos bebiéramos dos botellas de vino para no quejarnos.

Tomamos un *magré* de cordero de postre y una corvina. En
precio y razonables cantidades, considerando esas medias raciones que permiten pedir más sin el consecuente engollipe. Antes
había unas croquetas de Idiazábal y unas pochas poco suculentas
(tan desgrasadas que parecían de convalecencia), pero que, en
realidad, cumplían su misión: nuestra supervivencia embutidas
en el pantalón pitillo sin elástico.

Nos parece todo bien y la comida transcurre sin esa molesta
sensación que produce saber que se está comiendo demasiado.

Nos tomamos todo sin dar tregua a la conversación y nos
encontramos a Marián de Verdejo. Nos sale a 60 euros por barba.
¿Merece la pena? Es una cosa de gran ciudad. Habría que ir más.

TAPAS MUY BUENAS Y A BUEN PRECIO

Me cogí el día libre para poder ir a Etxebarri, el restaurante en Axpe que regenta el timidísimo Bittor Arginzoniz. Solo diré que la visita mereció la pena, pese a los más de 400 lauros que nos clavaron. Por otro lado, al reservar —hace meses— ya pagas una parte (lo que vale un abrigo de Zara), por lo que el trance monetario es menos doloroso. Y es solo una vez en la vida. Empezamos a comer a la una y media y acabamos a las seis. Y luego… nos fuimos a seguir tomando vino y gildas en Mendi Goikoa Bekoa, el hotel que me habían recomendado.

Comprendan que después del caviar a la brasa, el bocadito de chorizo, las primeras angulas… fuera difícil que mi paladar estuviera preparado para deglutir cualquier otra cosa. Pero ah… la recomendación de un conocido me hizo recalar el sábado en **Mano de Santa** (General Díaz Porlier, 95).

Lo cierto es que me quedé muy sorprendida por los platillos, abundantes y ciertamente buenos. Nos costó decidir. Tomamos ensaladilla rusa con gambas y tortilla crujiente de camarones (12 euros); los langostinos salteados a la pimienta, piña semiseca y brotes de guisante (14 euros) y dos platos realmente destacables que pedían un par de botellas de esos vinos que tiene Mano de Santa en bodega: *dumpling* de ropa vieja con caldo de cocido (12 euros) y panceta ibérica glaseada estilo Pekín con sésamo y jengibre tostado (17 euros).

Después nos decantamos por un pollito de grano a la brasa, curry vietnamita y lima (22 euros) y el entrecot, aunque finalmente pedimos que nos lo cancelaran. Como guarnición, me empeñé a tomar un aguacate a la brasa muy sutil y mantequilloso (sin mantequilla) y unas patatas con picante. Un solo dato: el restaurante, bien decorado, cuenta con una parrilla a la vista del comensal que da muy buen sabor a la cocina. Así que supongo que las carnes y pescados de la carta estarán a la altura.

Al final no pagamos más de 35 euros por barba, aunque solo bebimos vinos por copas y cerveza. Éramos mujeres de tapas… Mano de Santa está en esa zona del barrio de Salamanca donde todavía sigue siendo barrio. En lugar de un escenario, que es en lo que, por desgracia, va convirtiéndose Madrid. Pero ya saben mi consejo del fin de semana: cervezón y *dumplings* de ropa vieja y panceta a la pekinesa.

LAS MEJORES MENESTRAS

Descubrí en **O'Pazo** (Reina Mercedes, 20) el aperitivo definitivo para la familia. Una tostadita con lardo, una especie de magreta (¡Viva Berlanga city!) con un pelín de caviar encima (los cursis dirían coronado). Y lo imité con bastante éxito en el tapeo de Navidad, mientras veíamos el discurso del rey con una copa de champagne. Aunque sustituimos el lardo con papada Joselito.

La vuelta de Navidad requiere medidas drásticas para adelgazar (como coserse la boca con alambre de espino). En estas dos semanas, me he dedicado al ramadán laico: sin alcohol, pero con verdura. Eso no quiere decir que los platos no engorden, aunque psicológicamente nos suene bien poder decir que hemos comido judías verdes (por si en ese momento nos llama Villarejo). Tengo una amiga que dice que lo que más engorda es el arrepentimiento. Fui con Rodolfo Martín Villa a **La Manduca de Azagra** (Sagasta, 14), y le dejó una carta a Serrat, que también es asiduo al restaurante de Juan Miguel Solá, para felicitarle porque le hubieran dado la Cruz de Isabel la Católica. Tomamos borrajas con huevo y jamón (17 euros), menestra (16,50) y alcachofas (16,50). La verdura estaba perfectamente entreverada con todos los ingredientes, aunque se pudieran apreciar cada uno de los matices. La borraja, el huevo y el jamón se fusionaban en un bocado refinadísimo.

Arcadi me recomendó hace tiempo las flores de alcachofa (18 euros) de **El Pimiento Verde** (yo voy al de Castelló, 18). Las

cocinan en un punto perfecto con un toque crujiente en las hojas, que se comen íntegras, como el corazón. Una sensación similar transmiten las judías verdes (14 euros) de **Las Tortillas de
Gabino** (Rafael Calvo, 20). Están mezcladas con una crema de
guisante que contrasta con el punto al dente de las judías. En este
punto, hay que visitar **La Buena Vida** (Conde de Xiquena, 8)
para comer guisantes lágrima con huevo y las alcachofas con callos de bacalao. Otro buen lugar para comer verdura es **García
de la Navarra** (Montalbán, 3). Ahí sirven una selección de verduras de temporada, que, sin ser una elaboración en menestra, no
pierden untuosidad alguna. Ni siquiera echarán de menos las
manitas guisadas (16 euros) que suelen ser mis favoritas.

También como verdura podría incluir la preparación en maíz
de **Gaytán**, el restaurante de una estrella de Javier Aranda.

Un domingo «barato»

Las fiestas, como los viajes, tienen tres partes. Planearlas (incluso si te invitan), que es cuando comienza la diversión; la fiesta propiamente dicha, que suele decepcionar expectativas, generalmente altas aunque ese entusiasmo se modere con los años. Y finalmente, recordarlas, que constituye el mejor momento de la fiesta, sobre todo si el *commenting* entre amigos sobre ligoteos, escaramuzas y cogorzas ajenas acontece el día después con esa risa floja que producen las resacas.

Nos juntamos en Segovia un montón de agentes libres y felices casados para celebrar el cumpleaños de China, una de esas guapas simpáticas y divertidas que solo pueden darse en Madrid.

Para variar, como era gratis y para no mezclar, decidí beber *piscine* (champagne con hielo) toda la noche. Craso error, al día siguiente me levanté sin móvil (me lo localizó la aplicación en una maceta) y con ganas de comerme un filete de oso.

El AVE de Segovia a Madrid se me hizo eterno. El único lugar en el que encontramos sitio para almorzar el domingo fue el **Norte Sur** de Bravo Murillo, 97, uno de los cinco restaurantes que los dueños tienen en Madrid.

Me gusta mucho ir a Norte Sur porque se come bien a un precio relativamente módico (en este Madrid en el que en un bar de Malasaña te cobran por un vino 3,50 euros sin ninguna tapa). Además, es espacioso y cómodo.

Incluso tiene una barra ideal para acodarse y leer durante uno de esos aperitivos solitarios que nos regalamos los tímidos para dárnoslas de algo.

Para equilibrar líquidos tras la clásica ingesta alcohólica, lo mejor es el vinagre y el picante. Pedimos un salpicón de gambas (10,50 euros) y unas gambas al ajillo (24,50 euros) que pedían la sexta flota en forma de barquitos de migote de pan (los días de resaca la comida no engorda). Después nos comimos unas navajas (14,50 euros) y un rodaballo de casi tres kilos y medio con cebollitas fritas y ensalada. Tomamos (mucho) Pesquera, y los cinco amigos salimos alegres y contentos dispuestos a acabar el domingo en la terraza de Richelieu (incluso si al día siguiente había que llevar a las niñas al colegio).

Ahí volví a tirarme a la piscina. A la mañana siguiente, al abrir la nevera, me encontré dos botellas de un champagne buenísimo que me regaló uno que vino a cenar. Ahí se pueden quedar. A Dios he puesto por testigo de que ya siempre pasaré sed. (Norte Sur nos salió a 55 euros por barba).

PONERSE MORADO CON MUGA

Desde los primeros días de la pandemia, las personas mayores tienen cierta aprensión con la comida china; como si siempre fueran a servirles un murciélago peludo sobre una sopa gelatinosa y repugnante, como aquel plato con el que los telediarios ilustraban el salto del covid de los animales del mercado húmedo de Wuhan al ser humano. A mí sí me gusta la comida china, aunque me repugne la idea de comerme la sopa de murciélago o esas patas de pollo con uñas que sirven en los lugares más auténticos para que los ruidosos comensales las chuperreteen como si fuera una escena de Fake Taxi.

En **Sichuan Kitchen** (Maestro Guerrero, 4) se come tan bien como en cualquiera de los chinos de Usera, pero sin salir de la Gran Vía. También permite disfrutar de las bondades de la cocina sichuanesa, de la que proverbialmente se dice que se come todo lo que tenga cuatro patas (aunque eso se dice de toda la gastronomía china). La cuadrupedia va aliñada con esos picantes secos tan característicos de la región. Cate nos quería invitar por su cumpleaños a un grupo de amigos. Llegó Jana y se pidió su whiskycola (de JB) en copa de vino de burdeos; apareció Marta con el *crop top* y unos brazos que envidiaría la mismísima Letizia.

Una de las cosas buenas de Sichuan Kitchen es la carta de vinos, pues ofrecen un Muga a 30 euros que está buenísimo con la delicada comida sichuanesa (aunque nada maridaba —horrible palabro— tan bien como el JB de Jana). Pedimos pollo al estilo

Chong Qing, dim sums, verduras al wok, huevo centenario (mi debilidad), una lubina cocida, pato crujiente y raciones de panceta y oreja china que también estaban muy buenos. (Un solo dato para los histéricos: en China se consume casi diez veces más carne de cerdo por persona que en Occidente). Cuando ya íbamos por el enésimo pase, perdimos un poco la noción del tiempo y del espacio. Nos habían habilitado una especie de reservado limitado por una puerta abatible de tela con la que hicimos de improvisadas *vedettes*. También Filippo, que sigue caminando por la vida con pasos de Fred Astaire.

Al final, hasta las más sílfides echaron de menos el pantalón de goma para acomodar las barrigas y Cate se gastó solo unos 40 euros por persona. (Si en vez de Muga hubiéramos tomado cerveza le hubiera costado mucho menos).

Al día siguiente, correspondí a Cate a unas copas en casa por el cumple de la Boli. Se presentó con una amiga de Vox. Ahí hizo buenas migas con alguien que se declaró como «antiespañol republicano». Les tuve que dar con el pangolín.

EL MEJOR COCIDO

Al abuelo de mi amiga Cate le encantaba leer a Pla y le regaló *El cuaderno gris*, que yo también leí de niña. Luego caímos en *Lo que hemos comido*, donde se me hacía la boca agua al leer sobre el cocido catalán —la *escudella i carn d'olla*—, aunque hablara de su decadencia porque un «buen cocido como los que se hacían antes ahora vale un dineral». Luego, ya más adulta, leí la biografía de Arcadi Espada y aprendí de la verdad de Pla en lo que había escrito Pla. Nunca me he tomado un cocido con Arcadi. Seguramente porque considera que a mí me faltan muchos hervores y, como decía Pla sobre el cocido, el gas se ha disparado y ya sale muy caro dármelos. Por otro lado, no me gusta que el rigor mande en el cocido como han impuesto los puristas, que los hay de cocido como también hay talibanes de la tortilla. Hay días que me gusta echarle tomate; otros, mezclar los fideos con los garbanzos; y, de vez en cuando, hacerme un bocadillo con el tocino y apretarlo hasta que la grasa chorree el pan.

Hace unos días, con la llegada de los rigores invernales, me fui a la **Taberna Pedraza** (Recoletos, 4) a apretarme un cocido (35 euros por persona). Nunca lo había tomado, y destacaré la sopa, delicadísima pero contundente. De esas con las que, de seguir la cocción, saldría *consomé gelée* sin necesidad de esas láminas de gelatina que se compran.

Se habla mucho de los **Picones de María** (Simancas, 12) en cinco vuelcos por desdoblamiento y que también cuesta 35 euros. Está muy bueno. Sobre todo, son especiales las verduras y ciertos desgrases de los componentes, aunque se agradecería una mayor alegría en el trato.

Con Tono, que al mismo tiempo está adscrito a la masonería y a no sé qué hermandad del cocido, y su mujer Alexia fuimos a la **Cruz Blanca de Vallecas** (Carlos Martín Álvarez, 58), que es el más famoso lugar de cocidos de Madrid y cuesta 26 euros, aunque si se bebe vino como exige el cocido, la cuenta sube bastante. Ahí es bueno todo. Sobre todo el poco rollo que se dan, pese a que es más difícil conseguir mesa aquí que en DiverXO. Y luego no podía quedar fuera el cocido de **La Cocina de Enfrente** (35 euros también), con un tuétano y tartar de apio. Obvien los versos de la carta. Es una maravilla. Dicen que el mejor es el de **La Gran Tasca** (Santa Engracia, 161) y cuesta 29,50. Ese día me lo tomaré con el botellón de Dewards de Jana. Con el cocido entra hasta la gasolina. Y a mí me gusta la gasoliiiina...

LHARDY, QUE NADA CAMBIE PARA QUE TODO VAYA A MEJOR

El gatopardismo o el lampedusismo, dicen, es cambiar todo para que nada cambie. En Lhardy (Carrera de San Jerónimo, 8) han sabido no cambiar nada para que todo vaya a mejor. Hace unos años, Pescaderías Coruñesas compró el restaurante de 1839 teniendo claro que no redecorarían el salón chino ni desmentirían que Isabel II se tiró a sus generales sobre la mesa. (O, mejor dicho: que los generales se aprovecharon de la reina niña). También que mantendrían la carta y que incluso recuperarían algunas recetas que habían pasado de moda (por caras de hacer), pero que las mejorarían con la materia prima que son los pescados de las Coruñesas. Es lo que ocurre cuando un pequeño negocio como Lhardy se integra en un grupo tan grande y con tantas posibilidades. La primera vez que fuimos a cenar al nuevo Lhardy fue por el cumpleaños de mi madre. A doña Emilia no le gusta salir a cenar sin ponerse elegante, como si aparecer en un restaurante sin arreglarse fuera como ir con mala pinta a un funeral o a una boda. Si uno va a apoquinar al menos que luzca. Así que nos pusimos elegantes y pedimos un taxi al centro. Nos tomamos primero una copa en el Four Seasons y luego fuimos caminando hasta Lhardy. El local no había cambiado absolutamente nada desde aquella primera vez que mi madre me llevó de niña a comerme una croqueta y un caldito, tentempié que muchos mantienen como rutina porque no es excesivamente caro, aunque ahora en el mostrador también sirvan ostras y salmón ahumado.

Nos tomamos unas almejas, *pâte en crôute* y salpicón. Y de segundo, un lenguado Evaristo en champagne que suena viejuno como el solomillo Wellington, pero está buenísimo. De postre nos tomamos un suflé, plato delicadísimo que requiere pericia. Y sabía como le debió saber a mi bisabuelo la primera vez que llegó a Lhardy, si es que lo pidió. Buenísmo. Tomamos una botella de champagne rosado y algún vino bueno que no recuerdo, porque no pagaba yo. (A mi hermano le costó 130 por persona). Otro día fui a tomarme un cocido (65 euros por persona además de la pertinente botella de Murrieta). Te sirven la sopa de fideos cabello de ángel en una sopera de plata; después ya traen los garbanzos, las verduras y las patatas y la morcilla y el chorizo. Para untar el pan hay un tocino tan maleable como una hoja de papel cebolla que apenas necesita unos granos de sal. Y más cosas. El único consejo es que no vayan en verano, aunque ese aire acondicionado que tanto hubiera aliviado los furores y calores de doña Emilia Pardo Bazán evita esa sensación tan desagradable que es el exceso. Los 65 euros también incluyen un suflé.

En Lhardy nada ha cambiado, pero está mejor que nunca.

La cosa más buena de Madrid vale 22 euros

Fuimos a celebrar a **Joselito** (Velázquez, 30) que nuestro Juan Abreu había vuelto a reeditar su libro *Eros y política* (Alegoría) con nuevos perfiles en una versión ampliada. Tras la presentación en el café Gijón (qué bien habla Cayetana), peregrinamos al que, para Arcadi, es el mejor restaurante en Madrid. Tiene razón. Siempre me ha gustado eso tan ceremonioso (quizás hasta cursi) que es la trilogía con las diferentes montaneras, pero ahora nos han contado que este jamón está tan bueno porque cortan sobre todo la parte de la cadera, que es donde más grasa se acumula. «Mira, como yo».

Arcadi me precisa que es principalmente en la pata izquierda (le sale la vena socialdemócrata) sobre la que habitualmente se recuestan a la sombra de las encinas estos cerdos felices.

También que los cuelgan para que el ácido oleico se deposite ahí por acción de la gravedad. Nos lo tomamos con una copa de oloroso que está fantástico. Después de las croquetas, llega algo que Arcadi me anuncia como lo más bueno que se puede comer en Madrid durante estos días. Se trataba del escalope de secreto Joselito crujiente con paleta Joselito y queso Zamorano (22 euros). ¿Qué decir? El empanado estaba tan perfecto que parecía una tempura buena y permitía que el secreto se fusionara con la paleta y el queso en la boca. Era como un cachopo ligero y más refinado, porque el queso no se derretía hasta que entraba en contacto con el paladar.

Te lo traen cortadito en tiras tras darle el toque final en el horno, lo que permite que llegue a una temperatura ideal. «Es verdad que es lo más bueno que he comido últimamente», le tuve que dar la razón a Arcadi. Y es verdad. El libro de Abreu es un canto a eso que es el jolgorio y la alegría de vivir, de la que ahora parece que nos quieren quitar con un «exprópiese» más burocrático y gris que caribeño. Por eso, decidimos repetir y pedir otra ración y nos dejamos ir con un tinto del que soy incapaz de recordar el nombre. Antes nos tomamos una selección de chacinas —esa palabra es más fea que embutidos— entre las que estaban la coppa y la papada.

Acabamos la noche escuchando a Yaiza cantar coplas. Ay, si José Gómez supiera cantar sería «Ay, montonera» en lugar de «Ay, campanera».

También nos tomamos un poco de queso con «carne de membrillo», me dijo Arcadi al oído. (Salimos a 55 euros por barba).

VIVA LA VÍSCERA MADRILEÑA

Me gusta ir a comer con Luis Moreno Maldonado. Lo conocía por Instagram, pero hace diez días nos hicimos carne. Hasta entonces solo sabía que en la finca de su madre aún nacen y crecen perdices en libertad, lo que se nota en la textura de la carne, consistente y nada arenosa. Que sabe a campo y no a medicinas. Luis sabe comer y beber. Y como buen Paganini (caso también de la que suscribe estas líneas), opina con la libertad de los que no admiten invitaciones. Al restaurante malo lo critica sin piedad. Al bueno lo glosa con tanto deleite que basta seguirle para engordar. Los suflés, los solomillos Wellington, los arroces… Como a mí, a Luis le gusta la casquería. Desafortunadamente, no pudimos ir a La Tasquería de Javi Estévez porque aún estaba reformando su local.

Luis me propuso una incursión por las vísceras de barrio, por los entresijos de los hombres que sí que beben el vino de las tabernas. Me pongo el pantalón de goma temiéndome el atracón. Antes de ir a **Casa Toni** (calle de la Cruz, 14) nos metemos un par de finos en La Venencia. Pero eso es solo el preludio al cielo. En Casa Toni, la especialidad es la oreja a la plancha con una salsa ligeramente picosita que recuerda algo al emparedado (palabra tan bonita como «ultramarinos») de la Casa de los Minutejos en Carabanchel, que también es de oreja (y de estos también podría comerme un cubo viendo los resultados de Pablo Iglesias en las autonómicas). Aliñamos la ración de oreja de Casa Toni con un vermú. Pero no cae otro porque nos decantamos por cañitas cortas y heladas que van muy bien con las mollejas que hemos pedido. Están crocantes como un bombón helado, pero se deshacen por dentro con ese sabor a cordero que te exige pan y más cerveza. En eso llegó un mensaje de nuestras arterias exigiendo una ensalada, pero lo ignoramos; pagamos 20 euros y pedimos un taxi a Casa Enriqueta, que era la segunda parada en esta peregrinación.

Casa Enriqueta, en General Ricardos, 19, es como un viaje a cualquier feria de pueblo sin salir de Madrid. La terraza tiene aire de merendero y verbena. La especialidad son las gallinejas y los entresijos. No sé si ustedes han probado la *andouillette*, platillo francés a base de intestinos. Pues en lo que a este tipo de casquería se refiere, sí que podemos presumir de superioridad patria, porque las gallinejas de Casa Enriqueta crujían entre los dientes y los entresijos no sabían a pipí (algo común cuando se come *andouillette*, por algo le ponen mostaza). Siguieron cayendo las cervezas y nos decidimos por una tapa de torreznos de esos que dan ganas de abrirse un pan para hacerse un bocadillo. Fueron 40 euros. 60 euros en total entre los dos. No se lo conté a Arcadi porque seguro que me azota por primaria.

COMER RABITO DE GORRINO

A mamá le gusta que Arcadi venga a cenar a casa. Le admira. Y luego le cuenta a sus amigas marquesas viudas lo guapo que es. Siempre le tratamos de sorprender. Lo logramos con unos galianos, que es un nombre más bonito que gazpachos manchegos. Otro día, sin embargo, rehusó los zorzales fritos con esa cabeza que se come íntegra como un Ferrero Rocher para mayores sin reparos. Creo que nos dijo que no comía pájaros tan pequeños, aunque ya fueran adultos. Me pregunto si Arcadi pensaría lo mismo de la cabeza de cochinillo que siguen sirviendo en el nuevo local de **La Tasquería** (Modesto Lafuente, 82).

La confitan durante muchas horas y comérsela produce ese «clac» que decían en *Amélie*, esa película que ahora nos parece horrible, que debía de hacer la cuchara al entrar en la *crème brûlée*. Las orejitas son como un Boca Bits sano; el morrito, como besar el viento; la cococha es delicada como el aleteo de una mariposa en el estómago del enamorado... Y esa ligereza de amor primerizo llegó después de unas manitas con cigalas (¿saben el cuento del sindicalista andaluz sobre la cigala y la hormiga?), un taco de carrillera con carabineros y una tortilla de criadillas. Mención aparte merece mi plato favorito de la carta: los rabitos de cochinillo con una sardina ahumada. La base del cochinillo es rotunda como sugiere la palabra casquería, visceral. Que dos mujeres guapas coman rabito (de cochinillo) con su picante sugiere chistes demasiado fáciles como para que yo los glose en estas líneas.

Pero esa es la magia de Javi Estévez, responsable de La Tasquería, que reinaugura su local tras una reforma que le hará optar a más de la estrella Michelin que ya le reconocieron en 2018.

Incluso los veganos comerían con gusto la casquería de Estévez, y no sería engaño. Como en la caza, un mayor consumo de este tipo de carnes evita estabulaciones, ganaderías abusivas, muertes innecesarias… Y, sobre todo, en este caso, desperdiciar cortes que son exquisitos. Siempre que como la cabecita de cochinillo en La Tasquería me dan ganas de cogerla como el cráneo de Hamlet y declamar algo shakesperiano. Pero hubiera sido mejor el *Lolita* de Nabokov, porque justo después nos trajeron los callos, para mi gusto los mejores de Madrid. Imagino leer *Lolita* a mi amante después de comer los callos de La Tasquería con su *gloss* labial pegajoso y denso: Plopita, luz de mis días, fuego de mis entrañas. Pecado mío, alma mía. Plo–pli–Tla.

Después, vino, una tabla de quesos y dos postres. Nada reseñable realmente. Nos bebimos una botella de PSI que estaba a muy buen precio. Invité yo a la mariposa. 160 euros entre las dos.

CALLOS... ¡A LA AYUSO!

Entrar en **Saddle** (Amador de los Ríos, 6) es una vuelta al viejo Jockey. Al rincón en donde siempre se sentaba Matías Cortés a decir maldades divertidísimas y a esos tiempos en los que la vida era menos grave, pero no más ligera. En Saddle uno se plantea si alguna vez, de verdad, viviremos en esa realidad virtual de las redes, en donde ya se pueden comprar fincas, pisazos y bares que no serán lágrimas en la lluvia sino ceros y unos. ¿Y se podrán comer callos en este metaverso? Supongo que sí, como también nos podremos ir a la cama con cualquier modelo... Veremos entonces dónde queda el consentimiento de los avatares.

No sé si es que ya soy vieja, pero me gustaría seguir comiendo callos y ligando de verdad, además de seguir yendo a sitios en los que te pongan rabo de toro y croquetas de jamón sin el blablablá de Boris Johnson y Greta Thunberg. Los callos de Saddle siguen tan melosos como los de Jockey (28 euros). ¿Y qué decirles de las lentejas con *foie* fresco? También son buenos los callos (32,90 euros) de **Zalacaín** (Álvarez de Baena, 4) que, pese a algunas críticas que he leído, sí que mantiene el nivel de los recuerdos que no se almacenan en discos duros. En ambos casos tienen un sabor intenso, pero sin esa contundencia clásica del plato. Porque, si bien los callos a veces son demasiado pesados, también pueden tener una textura acuosa con el consecuente perjuicio para los armadores de barquitos de pan.

Unos buenos callos deben ser un pelín pegajosos. A mí me gusta que se me sellen los labios como en uno de esos besos con los que se soñaba antes del metaverso. Cuando vamos a **Lucio** (Cava Baja, 35) con el padre de Cate siempre pedimos callos (16,50 euros) porque producen esa sensación reconfortante que dista mucho de la nostalgia de la magdalena de Proust. Es volver a un presente sin algoritmos, pero con servilletas almidonadas. En esta línea están los de La Tasquería con el grado de picante que requieran las papilas gustativas del comensal. Así también son los de **De la Riva** (Cochabamba, 13), que se sirven con una de esas frascas de vino de la casa.

«A la madrileña» es el último *hit* de Ayuso, pero también como mejor están los callos (no los coman en Francia). Añadiré los de **La Taberna de Buendi** (Narváez, 58) que siguen la receta sin adornos. ¿Qué hay mejor que una tapita de callos con fino? Arcadi siempre es optimista respecto al futuro. ¿Comeremos callos en el metaverso?

Quizás como complemento de un *delivery* en casa. Imaginen comer con sus avatares favoritos. Nos vemos en el futuro.

La oreja que hay que comer

Voy al club Monteverdi (entras cantando «Zefiro Torna») para la presentación del libro de Joselito con Etxebarri. Lo hojeas, pero las espardeñas con oreja atizan las papilas gustativas para que únicamente se predispongan a recibir orejas que, como los torreznos, se han convertido en un esencial de la gastronomía madrileña más allá del clásico minutejo de Carabanchel. O esa tapa de oreja con salsa picantita que ponen en el bar de **Desguaces La Torre** (carretera Madrid-Toledo, km 24).

Salimos de la presentación dispuestas a dar los casi diez mil pasos hasta **Kulto** (Ibiza, 4), donde sirven tiras de oreja frita en una disposición similar a una jenga mucho más primaria. La ponen con dos salsitas (una más picante que la otra) y las orejas crepitan en la boca como si fueran esos Boca Bits que comían los niños en el patio. (A mí me mandaban al colegio con una barrita de Biomanán para que no engordara). Como otras cosas, descubrí Kulto en una comida con Arcadi hace dos años, en la que también estaban Rafa Latorre y Cayetana.

Desde entonces se ha convertido en uno de los mejores restaurantes de Madrid y uno de esos sitios en los que merece la pena dejarse 50 euros para cenar. La tortillita de camarones vietnamita, los arroces o el salpicón de atún son algunos de los platos de una carta cambiante según la temporada.

Otro sitio para comer oreja es **La Tasquería** (Modesto Lafuente, 82), que ya ha sido glosada en estas líneas. Cualquiera lamenta que Javier Estévez no cree una versión para venderlas en un cucurucho y comerlas viendo el documental de Georgina. (Seguro que a ella le encantaba la idea). Están tan crujientes que resuenan en el cerebro como cuando te escuchas buceando. La cosa mejoraría si, además de a las orejas, le pudiera dar a los rabitos (sin segundas para la novia de Cristiano).

En una línea más clásica, están las de **Casa Toni** (calle de la Cruz, 14), que son ligeras y entran muy bien con la cervecita en el aperitivo previo al restaurante vegano. En este *ranking* no debería faltar la oreja de lechón rebozada que ponen en **Los Galayos** (plaza Mayor, 1), que tiene mucho predicamento y es ideal para celebrar el borsalino comprado previamente en Casa Yustas.

Y no se podría terminar este recorrido sin volver al comienzo con Joselito y recomendar alguno de esos platos con orejas de cerdos felices que **A'Barra** (Pinar, 15) ofrece cada temporada. Seguro que en algún momento las sirven con espardeñas.

EL MEJOR RABO DE TORO

En San Isidro toca comer en los alrededores de Las Ventas y hablar de rabos... de toro. No me lean mal, ya saben... Hace años, los literales sin sentido del humor tampoco supieron leer a Arcadi sobre un supuesto intercambio entre Aznar y Rufián en una de esas comparecencias parlamentarias para mequetrefes. Y los bobos le pusieron una denuncia por presunta homofobia que fue desestimada. Abreu ya ha escrito de este tema, pero si hay que hablar del mejor rabo, hay que glosar un clásico sin ordinarieces. El de **La Montería** (Lope de Rueda, 35) es mi favorito porque llega deshuesado, untuoso y con unas patatitas cortadas en dados (15 euros). Se puede engullir sin trabajo alguno con una copita del vino de la casa.

Pero una de las cosas buenas de comer rabo es chuparlo y mordisquear esa fina lámina (como cartilaginosa) que recubre las vértebras del toro. Ese es el motivo por el que me gusta más el rabo de toro de **El Fogón de Trifón** (Ayala, 144) que, además, sirven con patatas crujientísimas y muy finas que se entremezclan perfectamente con la salsa. Vale 21 euros, en línea con la carta de un restaurante que cuenta con multitud de adeptos. Tambien ponen unas croquetas de rabo (2,5 euros la unidad) que son una muestra de esa cocina circular que ha caracterizado nuestra gastronomía. Las sobras nunca sobran.

Para los días de corrida, se puede visitar **La Tienta** (Alejandro González, 7), donde los menos aficionados pueden impregnarse de ese ambiente taurino tan único, aunque cada vez se sea menos entendido.

La Tienta se ubica en un local bastante folclórico en el que lo mejor es hacer sobremesa hasta la hora de la corrida.

Para terminar, un guiño nada TERF. Uno de los mejores rabos de Madrid es el de **Horcher** (Alfonso XII, 6). Lo llaman cola, es de vaca (ejem) y cuesta 44,50. La última vez que estuve se me ocurrió pedirlo acompañado de las clásicas patatas suflés. Un sueño… Cuando mi mecenas (en mi caso, mecomes) no miraba, me atreví a romper una patata y rellenarla de rabo de toro. ¡Qué delicada!, debió pensar cuando me pilló.

Pero los chistes sobre comer rabo nunca sobran. Las Pam-plinas sobre sexo —su ridícula preocupación porque a las mujeres les siga gustando la penetración— hizo que mi sección y yo acabáramos comiendo rabo (de toro) para celebrar el 8M.

Fuimos a **Casa Olvido** (Cardenal Belluga, 14) porque nos lo recomendó un amigo de Edurne Urreta, una vasca paradójicamente nada taurina que también trabaja en *LOC*. Es además un pelín progre, por lo que me sorprendió que accediera a unirse a nuestra expedición postfeminista en un sitio clásico de antes de ir a los toros. Casualmente, nos encontramos a todo el *establishment* de Las Ventas comiendo allí. (Lean «El detective», de Yagüe en *LOC* para saber los detalles). No era mal lugar para celebrar nuestra sororidad. Las niñas (Marta Corbal y Belén Picornell) nunca habían probado el rabo e Inma Cobo se nos retira de la soltería. Por lo tanto, había que hacer una buena despedida. Casa Olvido es un lugar agradable como tantos restaurantes aledaños al coso madrileño, si bien este resulta más espacioso y cuidado sin perder ese rollo castizote que te hacen imaginar a C-Tangana y su *troupe* con Álvaro Domecq y el Beni de Cádiz.

La ensaladilla estaba buenísima, bien hilada y con el atún separado, ideal para los que no nos gusta la combinación. Las croquetas, una ración enorme, tenían pitracos de «jamón del bueno», como indicó Corbal con su acento gallego como si Franco cantara por Tanxugueiras. (Un solo dato para ilustrar este personaje que solo se puede dar en Galicia: está tan loca que estudió ingeniería industrial y se hizo periodista). Después llegaron dos rabos, una *gang bang* y un solomillo que estaba francamente bueno y bien cocinado.

El rabo gustó a las niñas. Nos lo deshuesaron para que no tuviéramos que trabajar (aunque a mí me gusta chuperretear el espinazo como si fuera el profiterol de una putifina en el Four Seasons). Les acompañaba la fuente de patatas a lo pobre.

Bebimos cerveza (Alhambra) y vino blanco (de la casa, muy bueno), pero sin pasarnos en exceso, que después había que volver a la redacción a trabajar. Por eso, también rechazamos la invitación a pacharán y licores de señores de la casa. Pagó la jefa. O sea, yo, que no tengo tarjeta *black*. Comimos cinco personas por 180 euros. Mereció la pena. Vimos a muchos toreritos que solo crecen en el polvo del albero. «Mira ese, es guapito», me dijo Edurne, vieja verde (recicla mucho), de un chiquito bien educado y grave, como todos los toreros. Le tuve que decir que yo soy moza de (Arcadi) Espada.

ASTURIANOS, LA MÁGICA COCINA DE DOÑA JULIA

Una amiga mía se echó una novia austriaca esnobaza que se empeñaba en ir a todos los lugares en los que hay que ir para ser vista. Pedía como las pros (mirando solo el precio y eligiendo lo más caro de la carta, y levantándose al baño cuando había que pedir la cuenta). Mi amiga la dejó cuando le hizo lo propio en el Lío de Ibiza. En una de sus visitas a Madrid, la tipa quiso ir a comer a Estimar, pero no había sitio y a mi amiga la remitieron a Asturianos (Vallehermoso, 94). Mi amiga estaba encantada, pero su señora no tanto, y se había enfurruñado para no tener que comerse ni una sola de las verdinas con almejas. Evidentemente, el monito de cuero con tacones de aguja desentonaba con el sencillo comedor de doña Julia. Una vez celebramos el cumpleaños de mi madre por consejo de Alberto Fernández, gran comedor y depositario del saber de doña Julia. Pedimos de todo: anchoas, sardinas con tomate, los estofados —la carrillera de buey y de morcillo— y las fabes. Para beber, nos dejamos llevar por el consejo de Alberto. Una amiga que quería hacerle la pelota a mi madre llevó un mago a los postres —el mejor flan de queso de Madrid— para darle una sorpresa. Era un tipo algo raro que llevaba un pantaloncillo pitillo con una chaqueta de *tweed* raída y el aspecto de los mendigos de *Carmelo*, la obra de Alonso Millán. Se puso tibio de beber y pidió un Drambuie, pero no tenían, por lo que hubo de conformarse con un Macallan de no sé cuántos años. (O dos o tres). Estaba ya tambaleante cuando sacó las cartas para hacer unos trucos demasiado evidentes. Al final, se acercó algo tímido para hacerle un truco a la protagonista, mi madre. El mago llevaba una cogorza descomunal. «Nada por aquí, nada por allá. Te echo dos polvos y desaparezco». Y se largó corriendo; la amiga de mi madre le había pagado por adelantado. Mi padre, que es un anticuado, pagó la cuenta sin rechistar. Le costó 60 euros por persona.

CAFETERÍA BUENA Y BARATA

Nos juntamos para comer en **El Lince** (Príncipe de Vergara, 289) Cate, la madre de Cate, Rosa y yo. Vamos con una emoción especial, pues descubrimos a Javi Estévez, responsable del restaurante, cuando hace nueve años abrió La Tasquería, que hoy tiene una estrella Michelin.

Ese día empezamos tímidas eligiendo tres o cuatro platillos y un Roda. Acabamos rodando con tres botellas y pidiendo toda la carta. Luego vinieron los rabitos, la cabecita contada…

Los callos, los mejores de Madrid, es uno de los pocos platos que Estévez se ha llevado a El Lince, que tiene un concepto muy diferente de la casa madre, aunque nadie puede negar el parentesco. Para empezar, el uso de las asaduras (más bonito que vísceras y casquería) y entresijos. Y una carta corta, pero sugerente. De esas que hacen vibrar las papilas gustativas con la simple lectura. La tortilla de patatas guisadas con salsa de callos…

Por otro lado, en El Lince no hay un menú como en La Tasquería y, con gran acierto, ha incluido los platos de cuchara que vienen muy bien en este invierno a diecinueve grados en casa. Lentejas, pochas… como siempre, con toda esa sustancia desgrasada que permite que la ingesta de leguminosas no sea tan contaminante como las vacas que tanto metano emiten. Otro acierto es la posibilidad de pedir medias raciones y que se hayan rescatado algunas recetas clásicas (y hasta viejunas, en honor a la gran Biscayenne). Los filetes rusos están buenísimos y la oreja picantita, crujiente como un sarmiento. Después, la madre de Cate quiso pedir una ración de sesos a la romana (qué bonito), y repetimos, porque estaban perfectamente rebozados y con una mayonesa de lima y cebolleta que ponderaba bien la textura.

Antes nos habíamos tomado un brioche de carrillera, que entra directamente en el *ranking* de los mejores emparedados de Madrid, y unos chicharrones ligeros que se deshacían en la boca. Iban bien con la copita de fino que nos tomamos.

La madre de Cate nos invitó y, de soslayo, pude escudriñar que la cuenta le había salido por 170 euros con propina. Nos habíamos metido nuestras tres botellas de vino y un par de finos. Es decir: 40 euros por persona. El único pero es el comedor interior, sesentero y con un raro gotelé para insonorizar... como esas cafeterías buenas de cuando éramos pequeños. Quizás sea un guiño al viejo establecimiento que ocupó el local. También se llamaba El Lince y servían sesos y callos. Lo tengo al lado de la redacción, además.

EL MEJOR ITALIANO DE MADRID

Conocí a Cate en el cole cuando teníamos cinco años, pero solo hace unos meses descubrí que su plato favorito era la pasta. ¿Los motivos? Engordan menos las proteínas que los hidratos (al menos eso dicen Montignac y Gema García Marcos). Me recomendó Cate **La Piperna** (Infanta Mercedes, 98) porque tenía buenas referencias desde su ubicación en la calle Relatores. Y no le falta razón. Llegamos con propósito de comernos un brontosaurio. Pese a que siempre temo discrepar con Arcadi (él prefiere otros italianos), me atrevo a decir que es el mejor restaurante italiano de Madrid. Tenía yo la intención de hacer un domingo abstemio. Sin embargo, la carta de La Piperna solo invitaba a segregar por las glándulas salivales, que es como se dice que la boca se te hace agua. Nello Di Biase, el chef de La Piperna, uno de los pocos punkies (restaurantes antisistema lejos del peloteo, de las modas y de las paletadas) de la cocina que aún mantienen su pureza, deja claras sus intenciones. «No es un restaurante napolitano. Y no es una *trattoria* ni un restaurante *della nonna*. No nos representan esos apelativos, ni siquiera hacemos cocina tradicional». También dice «No soporto la carbonara de esto o de lo otro, o *la cacio de pepe*… Como si la cocina italiana se limitara solo a eso. Siempre se me critica porque soy sincero».

Nosotras no íbamos a pedir carbonara ni unos tagliatelle dentro de un queso, como los que ahora se sirven hasta en los lugares menos recomendables (utilizan el mismo queso que se desinfecta con alcohol). Solo queríamos comer bien.

Para que entrara hambre (y la cerveza sin alcohol), nos pedimos unas aceitunas *all'ascolana* (aceitunas rellenas de cerdo, pavo y ternera) que luego se «emanan y se sirven fritas», que no sé lo que es, pero estaban buenísimas. También pedimos lengua de ternera con salsa de *tonnata* y yogur casero y un escabeche de raya frita y calabacín a la menta. Por supuesto, a esas horas ya llevaba dos copas de vino tinto pese a mis propósitos abstemios. Sin embargo, la bodega de La Piperna invita a estas debilidades. De segundo pedimos una pasta fresca con jabalí que estaba fuera de carta. Y unos *ziti alla genovese*, un plato «típico genovés del siglo XVII». Para rematar nos tomamos *saltimbocca* y un tiramisú buenísimo, aunque dicen que lo mejor son los *cannoli*.

Me hubiera gustado decirles qué vino fue el que tomé por copas (porque fueron varias botellas), pero me conformo con decirles que La Piperna es el mejor restaurante italiano de Madrid, pese a otras recomendaciones y lugares de moda. Solo me acuerdo de que todo estaba buenísimo. Nos soplaron 60 euros por barba.

Otro italiano que nunca había probado es **Trattoria Manzoni** (Rosario Pino, 6), donde la masa de *pizza* ovalada sigue crujiendo pese a la untuosidad de los quesos. En estos tiempos en que la trufa (ya saben esos aceites y salsas) puede resultar una ordinariez, aquí llega una señora con su rallador y espolvorea el hongo troglodita en, por ejemplo, la *pizza* de crema de camembert con huevos de codorniz. Marina, que está alimentando a un vastaguito santanderino, me hizo comer también *vitello tonnato* y además se atizó un platazo de espagueti con solomillo a cuchillo, *demi-glace* de ternera, ajo, tomate cherry, espárragos trigueros y yema de huevos de corral. Me soplaron (invité) 60 euros.

En **Numa Pompilio** (Velázquez, 18) son ya célebres los espaguetis terminados de hacer en el pecorino, si bien la preparación ya es casi una vulgaridad («una guarrada» como diría Nello, el de La Piperna). Más buenas están las flores de calabacín en tempura con queso, que bien podrían servirse con un cubo de cervezas. En Numa Pompilio está todo bueno, la verdad. Y el jardín es de los más agradables de Madrid. Además, Numa me hermana con Monedero, al que sorprendieron un día allí. No entendí el escándalo. La cuenta con vinillo no suele pasar de los 50 euros.

Pero, claro, hay italianos que no engordan. Mi favorito —¡cómo no!— me lo descubrió Arcadi. Es el restaurante veneciano **Il Colombo** (Hermanos Bécquer, 5). Los platos con botarga o ese hígado de ternera a la veneciana con polenta se acompañan con vinos agradables. A partir de 65 euros, que entra en juego el llamado producto.

Paolo, restaurante setentero y barato con el mejor martini de Madrid

Guille Dávila me advirtió hace un tiempo que el mejor martini, la bala de plata (un cuchillo disuelto), lo servían en Paolo, un restaurante en Julián Romea, 10, del que nunca había oído hablar. Lo busqué en internet para ver si se trataba de un italiano de esos elegantes en el que ya hay lista de espera. No era así. Para llegar hay que atravesar varios patios hasta encontrar un torno como de Hollywood en los setenta.

Paolo es solo italiano de nombre, por su fundador, llegado del país alpino en el último suspiro del franquismo. La carta era un homenaje involuntario a la cocina viejuna de Ana Vega Pérez de Arlucea, Biscayenne. Por ejemplo: aguacate con gambas (13 euros), cóctel de ídem (13 euros), ancas de rana a la romana (16,80), endivias con roquefort (10) y luego una variedad de pimientos rellenos de diferentes cosas.

En el siguiente apartado figuraba una selección de platos de pasta transcritos fonéticamente en castellano: fetuchini (sic), espaguetis, lasaña por 12 euros… También había platos de bacalao al pilpil, a la espalda, a la vizcaína, y otras opciones, como brochetas (de solomillo o de langostinos) y escalopes y escalopines al marsala, al lambrusco. Era como volver a tener doce años y cenar jamón de york con huevo hilado.

La llegada a Paolo es memorable para el comensal debutante. Los camareros son como los de antes, bien uniformados, y el restaurante tiene aspecto de *meublé* de provincias decorado con terciopelos y muebles de los que ahora solo pueden verse en esos lugares que parecen felizmente anclados en el espíritu setentero (de esos que imagino frecuentando a Arcadio cuando venía al poblacho manchego que era Madrid).

Siguiendo las órdenes de Dávila, comimos con el correspondiente martini (era lunes) y, en efecto, merece la pena la excursión a Julián Romea. Lo sirven perfectamente helado en una copa de martini pequeña, como todo en Paolo, de los setenta. Pedimos un cóctel de gambas, gambas al ajillo, habas con jamón y una ración de rabo de toro.

Mi colega Rosario es de esas que no toman casquería ni cosas crudas, por lo que hubo que adaptarse. De beber tomamos una copa de vino Landaluce, que es el de la casa. Fue una feliz casualidad porque no tiene nada que ver conmigo, salvo el nombre. He de decir que estaba bueno y que la comida carecía de pretensiones; era eficaz. Al final nos soplaron 38 euros por persona. Y eso que tomamos un flan que trajeron en un carrito que se parecía a la carroza de Drácula, que, según la leyenda, utilizó Pilar Miró para el cortejo funerario de Tierno Galván.

El inevitable pasodoble de
De la Riva

Me descubrió De la Riva (Cochabamba, 13) Santiago, el padre de una amiga que sabía comer y beber y se prodigaba por los restaurantes elegantes en sandalias y zapatos de plástico porque tenía los pies hinchados por la edad. Tenía yo veinticinco años, y Pepe, el dueño, ya peinaba canas y mala leche (esto es, sarcasmo, socarronería y esa chulería tan madrileña). Y también servían la mejor lengua de todo Madrid. Ir a De la Riva es una experiencia imperdible para cualquier madrileño, para cualquier español. No hay carta, y solo Pepe puede cantar lo que hay de comer mientras ejerce de capitán de una serie de camareros que se lo pasan bien con los clientes. Incluso cuando se trata de borrachuzos con ganas de juerga como suele ser el caso. La comida de De la Riva es sencilla y buena. Cuando hay marisco es porque vale la pena el desembolso, y cuando no lo hay, Pepe es lo suficientemente decente como para aconsejarte pedir unas patatas a la importancia o un pecho de ternera (y aquí no se incurre en ninguna ley del menor). Para empezar, suele recomendar unos bocartes con anchoas y una tapita de ensaladilla. Y, por supuesto, callos, que están estupendos. Respecto al bebercio, aunque tiene una carta con los mejores vinos, lo mejor es pedir un tinto de la casa servido en jarras. Lo conservan en un botellón de treinta litros que descorchan con una pequeña grúa construida para tal propósito. Cuando se han terminado los entrantes, Pepe vuelve a hacer su aparición en la mesa para contar los segundos. Hay buenos pescados y carnes. Y cuando alguna mesa llega a ese crucial momento en el que se debe decidir entre la copa larga o seguir con el vino, Pepe pone el «Que viva España», y saca a bailar a alguna guapetona con nalga sandunguera. Y todos cantan y ni siquiera los que son de izquierdas se resisten a entrar en la magia de un himno popular. Pepe tiene mucha retranca y sabe llevar bien a los comensales. Incluso a Cayetana en el pasodoble, como sucedió en cierta ocasión que fuimos a comer con Arcadi. De postre hay natillas, flan… y queso con membrillo. Con el café, si hay suerte, te ponen moscovitas. Y luego se puede jugar al mus hasta tarde porque De la Riva no abre para cenar. Por eso se denomina casa de comidas.

En una de las últimas veces en la que estuvimos, llevamos a comer a Álvaro Pombo y nos encontramos a tres catalanas indepes haciendo una cura de desintoxicación por Madrid. Empezó a sonar el «Que viva España» y las tres se peleaban por ver quién sacaba a bailar a Álvaro. (Al final ganó una con casa en Puigcerdà y que era vecina de los Cruïlles de Peratallada, conocidos por llamar a la mesa con la *Pequeña serenata nocturna* tocada al xilofón). Es de suponer que cuando volvieron a Barcelona se guardarían la estelada en el armario y volvieron a utilizar las cacerolas para cocinar.

La fiable Fonda de la Confianza

Los chinos dicen que quien nombra las cosas las posee. De ahí el afán del nacionalismo por renombrar topónimos y que nos parezca relevante cómo llaman los dueños a sus restaurantes. ¿Qué intenciones tienen? ¿Las mismas que cuando un rico bautiza a su barco? La Fonda de la Confianza (General Gallegos, 1) es toda una declaración de intenciones desde la primera búsqueda en Google. Palabras como fonda y confianza podrían sonar tan cursis como cocina y alma, aunque en Lu, en Jerez, se coma muy bien pese a lo engolado que suena mentar al ánima. La Fonda de la Confianza se sale de esos restaurantes de cadena, en los que lo castizo quita lo valiente, pues elaboran cartas que son como la moda rápida del Shein, construida a base de algoritmos y de lo que ruge en las tripas del consumo. Que están de moda los torreznos y las papas revolconas, se ponen. Que una *influencer* dice que le gusta más la oreja, pues se quitan. Y así hasta pulir una carta que es vulgar, aburrida y cara. Porque en donde más te clavan estos días en Madrid es en los restaurantes caros de 50 euros. En la Fonda de la Confianza puede decirse que cada uno de los 60-70 euros (dependiendo del vino) que te gastas merecen la pena. Se vanaglorian mucho de cómo preparan la raya y es verdad que es estupenda. Con ese punto tan entre la gelatina y la carne (hay pocas cosas tan satisfactorias como la sensación cartilaginosa) que da tanto morbo a la deglución feliz de este batoideo, orden al que según la Wiki pertenece este pescado aunque en la web del restaurante hablen de ráyidos. En la Fonda la ponen en escabeche con naranja siguiendo una receta que al parecer es de doña Emilia Pardo Bazán, aunque también la sirven de otras maneras. También está bueno el escabeche de *foie*, las rabas y las pochas guisadas con cocochas. Los arroces también están bien. Además, la agradable terraza del restaurante propicia pedirlos. Es difícil saber por qué, pero una tiene asociado comer paella a notar el aire fresco y el sol en la cara. El de conejo y caracoles es el que más suele apetecer. También ponen pichón con mole y *steak tartar*, tan bueno como en otros lugares. La carta de vino es extensa y con muchos vinos clasicorros. Supongo que como el restaurante, no quiera aventuras y busque la confianza. Los dueños saben lo que hacen cuando llaman así a su restaurante.

DE MERIENDA

La merienda es también un lujo de otra época; de otros años. De cuando había que hacer cinco comidas al día y ninguna de ellas debía ser una pieza de fruta, sino que podía consistir en un contundente bocadillo. De chorizo con mantequilla, mortadela con aceitunas de esas malas y, algunas veces, Nocilla. Merienda es una palabra tan bonita como tentempié, aunque parece que es una ayuda para sobrevivir hasta la cena. La merienda puede ser previa a la cena; un *amuse-bouche* que sirve para abrir el apetito con una copita antes de la cena. La merienda puede traducirse en tomar una copa antes de sentarse a la mesa. Las copas, los vinos, el champagne previo a la cena son para algunos como las cerezas y las pipas. Es imposible tomar solo una.

Ideal para ir antes del Bernabéu

Creo recordar que la última vez que encallé en el **Mayflower** (Rodríguez Marín, 92) sería la madrugada de un lunes que hizo baladí el resto de la semana. Había quedado a jugar al tenis por la tarde, pero cometí el clarísimo error de aceptar una invitación a merendar «un algo, cualquier cosa» en este puerto de bar con fachada de chalé clasemediero. En Madrid, la espiral de copas y chau-chau se cierne siempre sobre cualquier ciudadano con firmes propósitos de enmienda. Casi doce horas después, la última copa en el Mayflower cerró una de esas noches de las que se amanece con el alma y el estómago crudos, los recuerdos nebulosos y un futuro que se antoja matador, sobre todo si la vista solo alcanza la luz mortecina de la oficina y el repicar machacón de un teclado.

El Mayflower es vía de escape para los vecinos de este barrio residencial. Luis Ramiro lo inauguró en 1976. Varias décadas después, su hijo Raúl aprovechó la ley del tabaco para remodelar la terraza con un cortinaje transparente donde, al calor de las copas y las estufas, se come y se bebe pero sobre todo se fuma.

El interior recuerda a las tripas de un barco, un homenaje se supone a aquel Mayflower que en 1620 transportó a los puritanos a Massachusetts. Pero también se respira cierto ambiente británico algo añejo, recuerdo de la clientela tradicional del establecimiento. Es para mí el lugar ideal para ir antes de un partido del Madrid porque se puede llegar al estadio caminando. Sirven tacos de solomillo y las alitas de pollo que ayudan a cimentar el estómago antes de los combinados.

En lo relativo a espirituosos, el Mayflower es una excelente elección tanto para puritanos como para herejes. En especial conviene detenerse en el martini, servido en una copa de trago corto que evita agobios y sobre todo que se caliente; pero tampoco se debe desdeñar un negroni (vermú, ginebra y campari) o el bullshot (caldo de carne, vodka, limón, especias), bálsamo de fierabrás de cualquier exceso. Otro de los puntos fuertes es el servicio. Incluso tras el retiro de Pili, una de esas camareras señeras que imprimían carácter al local y paciencia con los clientes en demasía aficionados al alpiste. En cierta ocasión que toqué fondo en el Mayflower tuvo que enfrentarse a seis miuras empeñados en «hacer los coros a Santiago» mientras berreaba la canción «Soledad» a su mujer. Hermoso gesto si no se hubiera llamado Emilia. La camarera del Mayflower suspiró con paciencia mirando al techo estufado. En su mente se podía leer su hastío. No obstante, trajo una nueva ronda sin que nadie hubiera hecho amago alguno. ¿Y esto? «Pero si te he visto venir desde niña con tu padre. ¿Crees que no sé que vas a pedir otra?».

EXUBERANTE Y DIVERTIDO

Manero es un bar de tapas de Alicante que se ha instalado en Madrid. Y no es paletería, sino sentido común lo que ha hecho que en pocas semanas se haya convertido en un lugar de esos por los que da asco morirse, de lo que nos gusta vivir. Porque es alegre, es vital, tiene decoración de discoteca dabadá y un hilo musical descabellado. Suenan «Ojos verdes», Julio Iglesias, el Puma. Ayuso pasada por Bigas Luna. Dan ganas de perrear en la pechera de cualquiera. Así también somos las mujeres. Me pongo «Mrs. Robinson» si se acerca C-Tangana.

Manero (Claudio Coello, 3) es un lugar en el que a las mujeres nos gusta ir guapas y los hombres se atreven a invitar. También en el que los camareros nunca hablarían de usted a mi madre. ¿Y eso nos gusta? Casi tanto como lo bien que están planchadas las libreas del personal que atiende con extrema diligencia y cuidado.

Es exuberante, alegre, con asientos de terciopelo rojo y mucho dorado. Dan ganas de putifinear, de restregarte y de que te metan mano (con consentimiento y sin prevalimiento, claro). Manero parece una respuesta al mundo posmo que de tan moderno huele a sacristía rancia.

Manero es divertido y picante, como era ese Tony Manero de *Fiebre del sábado noche*. Fui un jueves a la hora de la comida con otra amiga, como yo, empoderada. Hicimos nuestros planes. Tomate con ventresca, tortilla con trufa, un bocata de calamares y otro de bogavante (eso que los useños llaman petulantemente *lobster roll*). Pero bastó una llamada a ÉL y un par de azotes (sugirió tomate con codorniz, ostras y un arroz) para que cambiáramos a medias la comanda. No hacía frío para arroz ni nos apetecía un vino tinto o una manzanilla que no fuera del año. Hicimos caso de nuestro macho alfa y pedimos las ostras y el tomate con codorniz, además de los bocatines (muy aptos para compartir entre dos comensales). También una botella de Treixadura en Velo Flor porque entraba como el filo en gelatina.

El bocadillo de bogavante ya lo glosó (por excelente) Capel en la competencia. Me detendré en el de calamares porque se dice que es clásico de Madrid. La verdad es que nunca he sido muy partidaria. A mí me gusta el perrito de calamares de Sa Brisa, pero este de Manero nada tiene que envidiar en ligereza. El calamar está crujiente y el pan no está mojado. Y un traguito más. Quizás de champagne.

Me dio pena que hubiera que trabajar al día siguiente. Daban ganas de quedarse, pedir un copazo (los cócteles tienen una pinta buenísima) y esperar a que entrara algún señor al que hacerle un *lap dance*. De postre una tostada con chocolate, aceite y sal. Fueron 65 euros por persona. Vale la pena.

LIGOTEO FRUSTRADO Y MUCHO VINO EN BERRIA

Las vueltas a Madrid de los expatriados —así se ha llamado siempre a la famosa fuga de talento— es siempre dura. Vuelves y piensas que Madrid se ha quedado congelado en tus veinte, pero de repente tienes amigas preocupadas porque sus hijos puedan tener gonorrea. Por eso nos dejamos caer por **Berria**, en el número 6 de la plaza de la Independencia, que prometía ser un lugar agradable en el que beber vino y comer. El local impresiona (mucho espacio, pensaría un tendero), pero también la carta de vinos, de esas que te permite frivolizar y probar cosas que nunca se te hubieran ocurrido. Hasta tenían Treixadura Bajo Velo, un vino que me enseñó Arcadi y que está agotado. Por cierto, no se resistan a que les enseñen la bodega de Berria.

Convocamos ahí a nuestra amiga expatriada y nos pusimos a parlotear dejándonos aconsejar por la camarera a la que confesamos nuestro presupuesto («Bebemos mucho, así que no nos ponga cosas caras»). Sé lo que tomamos porque antes de salir por la puerta de Berria, hice un encarguito a Vivino del que no me acordaba. Pedimos unas gildas (3,50 euros), salpicón (22 euros), *steak tartar* (16 euros), rabas (25 euros) y tabla de quesos (24 euros). Cenamos bien, aunque —y en esto sí he de ser sincera— las porciones eran escasas.

A nuestra edad ya provecta, íbamos acompañadas por una jovencita de veinticuatro años que habíamos reclutado de camino. Nuestra expatriada, una rubianca de buen ver, quiso hacerse amiga de unos mexicanos que había por ahí. No estaban mal y eran de nuestra edad. Ay, ese querer aferrarse por donde quema a la juventud. Iban ya un poco bebidos y uno de ellos, obviando los contoneos de la rubianca, y a todas nosotras vestidas de negro existencialista —aunque en realidad parecíamos Martirio y Angustias en *La casa de Bernarda Alba*— se dirigió a la joven de veinticuatro —¡Adela!— con una proposición de lo más caballerosa: «¿Quieres follar?». Nos indignamos y le echamos de ahí con un buen rapapolvo de escitaloPam feministoide (sin ser nosotras nada de eso). Aunque luego pensé que, en realidad, lo que nos había dado rabia es que ya no estamos para Pepe el Romano, sino para subirnos a la romana o bajarnos al moro. Con razón mi amiga no quiere volver a Madrid. Salimos a resaca y 105 por persona.

CINCO TACOS SIN FALTAR

Sexapilosa, palabra que leí en *El Nuevo Herald* de Miami, suena a insulto a lo Wifredo, el de los catalanes. Sin embargo, significa guapa, pues viene de *sex appeal*. Los colombianismos son así de hermosos porque seguro que, al contrario que nosotros, desechan resiliencias, sinergias y otros palabros de MBA.

En España sabemos insultar. El taco es a veces un acto psicomágico como prueba el coño tras ese golpe en el meñique. Madrid es también ciudad de buenos tacos, aunque el insulto haya quedado relegado a la cobardía digital. Por eso habría que conformarse con el taco mexicano. O madrileño, como prueba el de **Salino** (Menorca, 4), hecho con esas gallinejas que bien cocinadas crujen como la leña que crepita en el fuego. Lo bueno es que lo puedes tomar en la barra con un bloody mary. Todo cuesta 12 euros.

Tras el cierre de Punto MX (tragedia no superada), hay que nombrar a los tacos de **Barracuda MX** (Valenzuela, 7); sobre todo el de tuétano y atún. Entre horas y con otro bloody mary (mezcal macerado, apio y jalapeños) se pueden tomar los tacos al pastor con cerdo negro ibérico o los de lengua de res, que son más baratos. Saldrá por unos 30 euros…

Hubo una época en la que frecuentaba mucho **Iztac** (República de Ecuador, 4), que ayuda a paliar el vacío de Punto MX. La cocina es refinada, como lo es la gastronomía mexicana más allá de los tópicos sobre insectos. No son tacos, pero en ese vacío existencial que lega una buena juerga, los tamalitos de acelga y torrezno (11,50 euros) desempeñan su cometido; después el taco árabe (paradójicamente con lagarto ibérico) o el machitos (con zarajos) que cuesta 6 euros. Aquí el bloody mary es muy clásico, pero el efecto es idéntico.

Hace tiempo que quería visitar **Taman** (Alfonso VI, 6) por las buenas recomendaciones de gente de la que me fío. Es un mexicano basado en la llamada cocina de humos (más o menos efímera) y la carta cambia cada semana. Si superan la chapa explicativa, se pueden tomar cinco platos bastante potentes y que distan mucho de ese tex–mex que sirven en muchos mexicanos de la capital (aunque llamen totopos a los nachos). Tomamos mole con tortillas recién hechas, tacos de pollo y unos chiles rellenos con ese toque justo de picante que aviva el seso y despierta de la muerte del día después. Nos costó 20 euros después de pagar una reserva de 10 (el restaurante es pequeño). Para beber, cerveza. No pregunté por el bloody mary, aunque mi favorito lo tomé una vez en DF. Llevaba clamato (jugo de tomate y almejas). Curarse la resaca con tacos en Madrid... ¡Jolines, Arcadi!

EL MEJOR BOCADILLO

En la proyección de *El cocinero de los últimos deseos* (Yôjirô Takita, 2019) en la calle Goya, los espectadores habían llegado a un punto de comunión colectiva porque todos salivaban a la vez. Mmm, se escuchaba a la marquesa viuda de la fila de delante. Barf, decía el señor que se había puesto sombrero y traje para llevar a la nieta al cine. La sinopsis: un cocinero japonés y arruinado trata de encontrar un legendario libro de recetas durante la ocupación de Manchuria. El clímax llegaba al final de los ciento doce platos que se nombran en la película, con el llamado wagyu katsu, que es un sándwich de carne de buey de esos a los que les dan masajes y vino blanco. Ese día, Rosa y yo nos lanzamos en su busca, pero no fue hasta la semana pasada en **Tottori** (Lagasca, 67) cuando encontramos uno (18 euros) que cumplía la fantasía de la película. Se come bien en Tottori, el wagyu katsu lo sirven con mezcla de mostaza y wasabi perfecta. Además, lo ponen en un pequeño grill que hace imposible que la carne se enfríe.

Pensaba escribir de este japonés, pero he decidido meditar sobre la variedad de bocatas madrileños más allá del de calamares de **El Brillante** (plaza del Emperador Carlos V), del que Arcadi dijo que yo no salía. (Me vengué revelando que usaba peluca; una *fake* que probaba que siempre hay gente dispuesta a creer las mentiras). Es célebre el sándwich de caviar, salmón y queso crema (125 si pedimos el extra de bogavante) de **Estimar** (Marqués de Cubas, 18). Sin embargo, no había probado hasta hace dos días la tostadita (18 euros) untuosa en la que el pan se funde con los huevos de esturión. Se trata de un bocado mínimo, ideal para apurar la copita de champagne. O de cava.

En **Terzio** (General Pardiñas, 25), a apenas unos metros de Treze (General Pardiñas, 34), su casa madre, ponen un bocadillito de pastrami, mostaza y lombarda encurtida (13 euros) que entra de miedo. Casi tan bien como el premiado Paquito de **Tres por ·Cuatro** (Montesa, 9): pan de brioche con mantequilla, albóndigas de cordero a la marroquí, cebolla y una mayonesa especiada. Pero si hablamos de emparedados —que suena casi tan bonito como ultramarinos—, el aficionado no puede obviar el mejor de Madrid: los Minutejos de La Casa de ídem (Antonio Leyva, 19), que son un sándwich extrafino de oreja con salsa picante que se complementa a la perfección con una esas cañitas heladas que se apuran de dos tragos. (El conjunto no pasa de 5 euros).

Esos sandwichitos

Hace unos años me pasó una cosa como de Sánchez Dragó cuando se fue a comer con Sostres a un restaurante sofisticado. Reservamos en un restaurante bueno y, tras el pertinente sablazo, una amiga se atrevió a hablar. «Pues yo me he quedado con hambre». Acabamos en **Richelieu** (Eduardo Dato, 11) merendando sándwiches mixtos con *gin-tonics*.

Los sandwichitos mixtos de Richelieu suelen ser la tapa de la media tarde con la que se acompañan las bebidas del bar/restaurante más famoso de Madrid. Piensen que si en Richelieu cobran 5,80 por una cerveza es porque la sirven con una de esas tapas generosas con las que se cumple la leyenda del origen de esta palabra. El plato de cortesía puede ser de «jamón, caña de lomo, queso» o, en las ocasiones más felices, esos bocados mixtos que son como aire pese a la mantequilla y el queso fundido. Pero hay que reconocer que los mixtos de Richelieu han salvado a muchos de salir a cuatro patas por Eduardo Dato.

En el lenguaje U/non-U que distingue a la *gentebiendetodalavida*, Alfonso Ussía escribió de «lo malo que era» decir bañador frente al traje de baño norteño. Algo parecido pasa con el bikini, denominación que se importó de Cataluña, frente al mixto, que es como llamamos en Madrid al tradicional sándwich de jamón y queso (aunque lo más bonito sea decir emparedado con acento de dibujos animados antiguos).

Con el sándwich mixto pasa algo parecido a la tortilla francesa. Hasta la más mala está buena. Por eso no hay que desdeñar los sándwiches mixtos de las cafeterías más modestas. En esa línea, a mí me encanta desayunar sándwich mixto en la cafetería **Avanty's** (General Pardiñas, 15) que está bien pringoso de mantequilla (los dedos acaban hidratados) y con cada bocado se forman hilillos de queso como cordones umbilicales. Con un café americano largo y un zumo, el desayuno no pasa de 5 euros.

Más fino es el que ponen en el **Dry Martini** de Javier Muelas en el hotel Fénix (Hermosilla, 2). Ahí me aticé un mixto que costaba 20 euros con un dry martini de vodka helado. El escenario justifica el precio. También la calidad.

Como mixto también se podría considerar el de **Gresca** en el Santo Mauro (Zurbano, 36) aunque este sea de jamón serrano (del bueno) y queso comté. Y lo bien que va con cualquiera de los tintos que sugiere Rafa Peña.

Otro de los mejores sándwiches de Madrid es el que ponen en las cafeterías de **El Corte Inglés** (2,95 euros). Una pena que no se pueda pedir en el espacio gourmet de Callao, que tiene las mejores vistas de la ciudad.

El sándwich mixto, todo un clásico.

Cenas

Salir a cenar es algo más íntimo que ir a comer. Salir a comer es más atávico, más primario. Como si fuese necesario para la subsistencia. Subsistir es solo ingerir alimento y bebida sin que sea necesario ese artificio que supone la comida. Un puñado de cereal y agua. Básico, prosaico, sin gracia. Incluso valdría alguna planta, hasta gusanos. Basta con que alimente; que hidrate. Que nos saque adelante. La comida es otra cosa, aunque a veces esté contextualizada como un mero trámite. La cena siempre tiene un contexto más frívolo, más refinado y ceremonioso. Cuando era joven no entendía que mi madre despreciara los restaurantes para los que no hacía falta arreglarse. Con lo cómodo que es salir a cenar con vaqueros y zapatillas; pero, con el tiempo, en parte por lo que civiliza la vida, me he dado cuenta de que vestirse para la ocasión —ponerse guapa, elegante… lo que quieran— es también honrar la felicidad que produce ir a un restaurante. Es demostrar que se va a cenar con ganas, aunque sea por el beneficio posterior (en forma de sexo, de juerga o cualquier tipo de incentivos). Las ganas, la avidez, esa ilusión, es lo único que, de momento, funciona para evitar la vejez. Subsistiendo se vive; comer sirve para formarse, pero la cena es para ser feliz. Por eso hay que tratar de tomársela como una ocasión, porque la felicidad, escuché decir en cierta ocasión a una Koplowitz, solo son momentos. Y como los accidentes, es mejor llevar la mejor ropa interior por si te tienen que desnudar.

BARRAS PARA CENAR BIEN

Kingsley Amis cita a Hafiz en la primera página de su ensayo *Sobre-beber*. «Ven, trae vino, que están en el aire los cimientos de la vida». Para dármelas de erudita, se la he mandado alguna vez a «la chuche-ría» que es como llama a Arcadi mi querida Lorena G. Maldonado.

No deja de ser interesante que un poeta persa del siglo XIV dedique tantos versos al alcohol, estrictamente prohibido por las leyes islámicas. Pero tiene razón. Todo es frágil salvo las ganas de vivir que siempre quedan mientras haya posibilidad de disfrute. Y en Madrid sabemos un poquito de esto desde mucho antes de la era A. A. (Antes de Ayuso).

Hay pocas cosas más reconfortantes que la clásica croqueta con fino. Para quienes quieren deslumbrar sin apabullar, está **Santerra** (General Pardiñas, 56), en donde se sirve (o eso dicen los ránquines) la mejor croqueta de España (2,50 euros la unidad). Para quienes prefieran un tapeo más allá de la bechamel, Santerra es una de esas barras divertidas que permiten el regocijo sin caer en los tópicos de comida de *instagramers*: a mí me gustan el cento-llo, las cebolletas y el arroz con butifarra. Con el vino de la casa no supera los 40 euros por persona. Claro que el local, y la luz natural que ilumina la barra, contribuye al disfrute más hedonis-ta y despreocupado. Y además, recientemente se lo reconoció la Guía Michelin.

Otro gran sitio para el tapeo es **Alabaster** (Montalbán, 9), en donde los 50 euros por los que te sajan en otros lados saben a gloria. A mí me gusta tomarme mis vinos con la tostada con anchoas y queso Arzúa con cebolleta (algo me debe de pasar con la cebolleta) o el *steak tartar*. El primer vino del tapeo —como ese primer golpe de catavinos en el albero de la feria— produce en mí idéntica sensación que en las películas desencadena la heroína en el protagonista. Las pupilas se hacen grandes y uno solo puede concentrarse en lo bien que se siente y en que quiere más. Siempre quiero más. Como no queremos otro tipo de rayas... lo mejor es la raya a la gallega con cachelos que sirven. O los raviolis de cocido gallego... Qué les voy a decir. Alabaster es un lugar magnífico.

También es gran sitio para el tapeo **Cañadío** (Conde de Peñalver, 86), donde la visita es puro regocijo. El lunes comimos pudin de cabracho (debilidad personal), patatas con huevos fritos y *foie*, y hamburguesas de bonito. Otra cosa singular son los buñuelos de merluza que con el vino blanco aportan cierta ligereza a esta sensación de pesadumbre que nos legan los malos augurios económicos. 35 euros.

¿IR DE LIGOTEO? ZUMA (PERO LLEVEN LA CARTERA)

No, la otra vez que fui a Zuma (paseo de la Castellana, 2) me invitó a comer el padre de una amiga. No comimos mal —porque está bueno—, pero el padre de mi amiga salió refunfuñando por el host... que le dieron en la cuenta. O eso supuse yo.

El pasado fin de semana volví a cenar con un grupo de amigas dispuesta a sentir la puñalada económica en mis propias entrañas. Y, en efecto, así fue: nos clavaron 100 euros por cabeza por un japonés bueno tirando a normal.

Zuma es como un Vips internacional y todos los Zumas se parecen. Aunque a la sucursal de Madrid... pueda denominarse como el nuevo Ten con Ten, restaurante casi vecino que estuvo de moda y donde abundaba el sobeteo y señoras y señores feos (objetivamente), pero de aspecto despampanante. De ese en el que se pone toda la carne en el mostrador. Papi, papi, papichulo, ven a mí.

A saber, damas vestidas sin cremalleras ni corpiños y de botonaduras disolutas. (En estos casos, los corchetes funcionan mejor). En esa onda, si a ustedes les divierte el plan de carne suave y de música alta, Zuma es el lugar indicado para el *pay per view*. Y lo dicho: la calidad de la comida está garantizada porque Zuma es un concepto internacional, multinacional. Una fórmula ganadora.

Pedimos algunas cervezas, algo de sake, dos whiskies, un par de *gin-tonics* y dos copas de vino tinto (bastante bueno, por cierto). De comer nos trajeron el *sashimi* del chef (53 euros), una suerte de atún toro con una línea (¡una raya!) de caviar que se comía con obleas, sopa miso, brochetas de pollo con cebolleta, solomillo con ternera picante con sésamo, arroz con seta y trufas (*kinoko kamameshi*), una tempura de verduras…

Huelga decir que repartimos una ración de cada plato entre las seis comensales. Una pena que ni siquiera se pudiese hablar (la música estaba demasiado alta), mientras tardaban en atenderte. Afortunadamente, el espectáculo de las mesas de alrededor, puro wagyu masajeado con vino blanco y mucho perreo, compensaba la imposibilidad de mantener cualquier tipo de conversación.

Al final, algunas se fueron a bailar al Cha Chá, pero yo me retiré. Al día siguiente le conté la experiencia a la amiga del padre que invitó. «No me extraña, mi padre se enfadó porque un tipo se acercó y le preguntó cuánto cobrábamos». Me sentí halagadísima. Y mi chulo también.

Mudrá: *healthy*, vegano... coñazo

En la página web de Mudrá (Recoletos, 13) pone que es *Plant Based Food / Healthy Food* (es decir: comida vegana, comida sana), un lugar poco adecuado para gentes que como Rosa y yo desayunan como el príncipe Carlos huevos pasados por agua y salchichas. Antes de nada, habría que considerar dos cuestiones: la primera, que la comida vegana no es tan sana (aunque excelente, por otro lado, para el tracto intestinal), y la segunda, por qué en este tipo de restaurantes no se pueden pedir unas habas rehogadas, un pisto, una pasta sin huevo con tomate, un tartar de ídem... y sí te sirven filetes, ceviches, hamburguesas y sucedáneos de carne y pescado que hastían.

Mudrá tiene una propuesta aparentemente atractiva que habla de «futuro», «vanguardia» y «originalidad», aparte de otras palabras que de tan *marketinianas* 2030 hacen levantar la ceja hasta al niño que ha sustituido a Greta Thunberg. Las frutas, las flores, las setas, explican en su manifiesto (¡manifiesto!), «se cultivan con mimo». Y presumen de «cocinar rico, pero muy rico». No dejamos que estas cosas nos disuadieran de nuestro propósito de probar, y allí nos plantamos un viernes con otra amiga. Pedimos un ceviche de setas (18,50 euros); un *uramaki* de gírgolas (más setas) empanadas, queso de anacardos y zanahoria con un *topping* de aguacate (16,60 euros), salsa de maracuyá e hilos de patata, *tortellinis* rellenos de ricotta de almendras y un *pad thai* (los fideos de arroz tailandés) con anacardos (19,50 euros). Quisimos tomar una botella de vino blanco llamado Barco del Corneta Cucú (21,50 euros) que nos hizo el apaño.

¿Estaba bueno? Pasable. Por lo menos solo nos soplaron 45 euros, aunque Rosa se tuvo que beber una Fritz-kola porque no había Coca-Cola ni Pepsi. ¿Mereció la pena? Ya les he dicho que es una lástima que en este tipo de restaurantes no tiren más de las menestras, los pistos, las ensaladas sin rollos, que son veganas sin pretensiones de sucedáneo. Otra cosa es que en muchos restaurantes normales no puedan adaptarse a servir unas judías verdes sin jamón o un revuelto sin huevo, lo que es un terrible síntoma y contribuye a la guetización de la (pobre) gente que no come productos derivados de los animales (peor para ellos, porque la agricultura puede ser también cuestionada desde el punto de vista 2030).

Lo más cómico era el resto de comensales; generalmente como salidos de una colonia utópica y que, en muchos casos, comían solos haciendo una videollamada. Comida del metaverso.

Haramboure, caro barato
o barato caro

Urge que vayan a cenar a Haramboure, el restaurante en Maldonado, 4, que abrió Patxi Zumárraga (ex de Fismuler y de El Bulli), que hace unos meses se hizo viral en las redes sociales por vender bocadillos de tortilla por 5 euros. Como sabe cualquiera con dos dedos y ni un milímetro de la cursilería de estos días, cualquier bocata de tortilla —hasta el que ponen en el avión— está bueno, pese a los debates cansinos de sincebollistas y blablablá. Lo de la viralidad es siempre un fenómeno inquietante (aunque en el caso de Haramboure le ayudó a ser conocido). En mi calle han puesto una tienda de donuts finos y se ha llenado por el efecto multiplicador de los *tiktokeros*. Si alguna vez me dicen que alguno de los personajes que engullen esos donuts es el líder de una secta homicida y tenía una colección de Barbies empaladas, me lo creería.

Casi todas las referencias de Haramboure que me llegaban eran buenas así que nos plantamos allí para homenajear a Patricia, una amiga de Gijón. Como los donuts que tengo al lado de casa (hay uno con sirope de arce y beicon), las proposiciones de Zumárraga hacen supurar las papilas gustativas, aunque solo sea por la literatura evocadora que incluye la descripción de los platos. Pedimos *kokotxas* y tripas de bacalao (8 euros por persona), nécora a la brasa, ajo y mantequilla (12 euros), bollo de mantequilla salada y caviar (9 euros), pencas rellenas de tartar de atún (9 euros). Para compartir nos atizamos la menestra de vainas de temporada (16 euros), la merluza con huevos fritos y angulas (36 euros) y ventresca de cordero de leche a la brasa con salsa de caracoles (26 euros). De beber, tomamos un par de copas de champagne y dos botellas de vino tinto de cuyo nombre no puedo acordarme por razones obvias. Las de siempre.

Pagamos unos 80 euros por barba, pero lo cierto es que probamos muchas cosas y tomamos un vino relativamente caro porque la reunión lo merecía. ¿Valió la pena? Por la noche, cuando me desperté con la boca estropajita y la barriga como si tuviera dentro un ballet de cosacos, pensé que no.

Pero una semana más tarde, hice una visita más sensata y me gustó más. Haramboure da la oportunidad de probar muchas cosas sin tener que asumir imposiciones del resto de la mesa porque los entrantes son individuales, lo que es muy divertido. Si usted se puede moderar, la torta no será para tanto.

EL BIKINI DE CAVIAR

Le pregunto a Arcadi (es de los pocos hombres a los que dejo pedir por mí) qué hay que comer cuando se va a **Estimar** (Marqués de Cubas, 18) el restaurante de Rafa Zafra en Madrid. Me habla de los sandwichitos y yo no entiendo lo que son. La verdad es que ya había estado en el Estimar de Barcelona antes de ir a un concierto de Beyoncé («Hold up» es una de mis canciones favoritas. Más aún si la parodia Titus en *Unbreakable Kimmy Schmidt*, la serie de Tina Fey en Netflix). Mis amigas y yo somos muy de proteínas (por aquello de los regímenes disociados) y aquel día solo pedimos cigalas, erizos y un pescado (con el consecuente sopapo) que, a las dos horas de concierto, y después de varios minis de cerveza de los mochilamen, me supieron a poco. Pero era aquella época en que se pintaba «Liberté, Egalité, Beyoncé» en las paredes y aún había conciertos y vida en Barcelona.

Ahora en Madrid se pinta en las paredes «Liberté, Egalité, Ayusé» porque se nos vienen los socialistas que ya ni siquiera son como los de las películas de Mariano Ozores que perseguían a las macizas. Por eso el domingo, Zafra le decía a Sostres: «Ayuso y su primo el alcalde han llevado las cosas de tal manera que yo solo puedo quitarme el sombrero. (...) En Madrid hemos sido negocio. En Barcelona hemos perdido muchísimo dinero».

Pero volvamos a los sandwichitos de Estimar. Son como un mixto de caviar y salmón con queso crema. Ellos los llaman bikini, pero si yo hubiera sabido que son así (esa perfecta conjun-

ción de sabores atávicos refinados por la mantequilla), hubiera
hecho como en el poema de Carmen Camacho: «Que me maten
si no salgo corriendo/ a buscarte y a darnos a la vida/ al vuelo, al
ras, al Duero». Y estaba yo casualmente con una amiga de allí y
otro catalán de los que saben (nos peleamos un poquito), que pidió rosado (vino de putilla, pensé enseguida sin ápice de ser pe-
yorativa). También vinieron las angulas (con más caviar), unos
guisantes, boquerones, pulpitos...

Hace un año tuve un accidente muy grave y me desperté
pensando en la importancia del placer. Hay que acordarse siempre de las que no tomaron postre en el Titanic. Y no me privé de
la tarta de queso de Estimar. Otro misterio gozoso. Superó por
muchísimo los 200 euros por persona. Todo lo valía. Ahora solo
quiero que Rafa Zafra mande sus bikinis a casa. Me tomaría un
cubo viendo la peli de después de comer.

COLETA EN EL FOUR SEASONS

Cayetana, Rosa y yo esperábamos impacientes a que Arcadi se decidiera. A ninguna de las tres nos importa que nuestro macho decida por nosotras. Sobre todo si, como es el caso, lo hace bien y sabe lo que tiene entre manos. (Y hablamos de comer y beber). Teníamos muchas expectativas con **Dani**, la *brasserie* de Dani García en la terraza del Four Seasons (Sevilla, 3). Nada que objetar al hotel, si bien recorrer el antiguo edificio de Banesto produce una sensación extraña. El público de Dani no desmerecía el entorno, aunque «mucho cliente *business*», extraño término que usó la recepcionista que nos guió hasta el restaurante. Entre los clientes había una especie de eslavo con coleta que tomaba caviar con una modelo rusa que, según el Tatler, es el sinónimo que utilizan las revistas del corazón para referirse a aquellas que ejercen la prostitución. De cualquier tipo. (Por aquellas feministas que asimilan la profesión más vieja del mundo a la tendencia de las mujeres a la hipergamia).

Quizás Arcadi sea la prueba de nuestra hipergamia, si bien parecía muy decepcionado por la carta de vinos porque no había ninguno de los que nos apetecían. Al final, nos decidimos por un blanco canario. Si Pardo Bazán decía que acostarse con Galdós (que era de Las Palmas) era mejor que leer cualquier libro, cómo me iba a parecer mal un blanco canario. Arcadi me rio el chiste después de los azotes habituales que merecen mis artículos.

Miramos la carta. Lo más caro era la ventresca con quince gramos de caviar (58 euros) que decidimos repartirnos entre cuatro. Lástima que por ahí no hubiera nadie para hacer el milagro de los panes y los peces en versión rica, porque apenas tocamos a un par de gramos (granos) de caviar por persona.

Después probamos los carabineros crujientes Robuchón (23 euros). ¿Y por qué Robuchón?, preguntamos al camarero pensando que quizás iría acompañado de su célebre puré de pata-ta (mitad patata ratte, mitad mantequilla) o se trataba de una fri-tura homenaje al Nou Manolín, restaurante predilecto del chef francés. Pero aquello no pasaba de gamba con gabardina algo basta, aunque no tanto como los calamares fritos con albahaca, almendra y chile (23 euros). Protestó Arcadi, claro, mientras las chicas ensayábamos la caída de pestañas. Lo normal: a ellos les toca salir a cazar. Nos lo cambiaron por otra cosa que no recuer-do, pero que estaba mejor.

De segundo, Rosa pidió los *tagliatelle* con cangrejo real (26 euros) y el resto nos decantamos por el solomillo de atún de Barbate (32 euros). Estaba bueno. Tomamos postre, queso, y otra botella de vino. Nos costó 94 euros por persona. Por el escenario pensé que sería más. Como el restaurante. Mejor vayan a tomarse una copa a la terraza.

DOS CORDERAS ENTRE ESPÁRRAGOS

La semana pasada fui a **Cuenllas** (Ferraz, 3) porque la temporada de espárragos está(ba) a punto de acabar. Gasté la broma a una amiga. «¿No querrás que luego se me masturbe el hombre con la consecuente pestilencia?». También tenía pensado comer cordero que, por lo que me contaron, era mejor que el del mejor asador de España. Y ahí reservé con mi compañera de *putinesse*, Inés. O sea: *putinés*. Llegamos atribuladas el viernes de cierre con mi *LOC* palpitante. Como soy muy obediente (e Inés se fía de mí), pedimos los espárragos, cordero, un *risotto* de trufas y setas que le apeteció a ella y una ventresca porque nos la recomendaron mucho. Empezamos con un blanco de 21 euros. Después nos pasamos a un tinto clásico que no conocía. Nos tomamos dos botellas. Así que, como comprenderán, ni pude anotar los nombres ni los precios. Pero estaban en línea con el blanco. Me gusta mucho Cuenllas, pero eso le pasa a todos los que nos gusta comer. Por otro lado, tienen una carta de vinos envidiable. Díganles precio y tipo de vino y ellos lo buscarán a medida de su paladar y posibilidades.

Por fin llegaron los espárragos. Estaban tibios como esa mayonesa con la que adornamos la punta. Casi se me desencaja la boca por el grosor. Pero, desafortunadamente, mi estómago es más profundo que mi garganta y pedimos otros tres del mismo calibre. «Arcadi siempre tiene razón», me dijo Inés, deleitándose con la mayonesa. A las dos nos pasa un poco como a Revel, que decía que lo que más le gustaba de la langosta con mayonesa era precisamente la mayonesa. Cuando acabó le dije que se limpiara las comisuras de los labios. La verdad es que los espárragos eran rotundos y la punta estaba tierna y sin hebras. Como debe ser. Me hubiera comido un manojo, aunque mi acompañante hubiera sido John-John Kennedy (ejemplo de apostura) y hubiéramos compartido baño.

El *risotto* tampoco nos decepcionó. Y la ventresca estaba en su punto. El cordero era un milagro de sutileza, qué les voy a decir. Otros días que he ido a Cuenllas he empezado con los canapés de la carta. De tuétano, de anguila con huevo, de merluza. O de solomillo... Una vez, mi abuela me felicitó porque, según ella, podía beber como un hombre (¡Vaya machismo!). «Así no te quedarás preñada en el primer *coup* de canapé», que es como revolcón en sofá en francés de viejos. (Ahora eso es *date rape*). Pero estos canapés son ciertamente como... mejor que... bueno ya saben. También es recomendable el Parmentier de patata y tuétano, aunque Inés y yo preferimos acabar con un queso y una copita de oloroso. Para entonces habían llegado los hombres. ¿Nos sobraban? Pagamos 110 euros cada una.

Vino blanco y pato de Pekín

La terraza del nuevo **Tse Yang** (Marqués de Villamagna, 1), más conocido como el chino del Villamagna, es uno de los lugares más agradables de este Madrid feliz. Fui hace unos meses con una amiga con el corazón roto y nos invitó para que viéramos cómo se sala un pato con lágrimas. Hay dos tipos de personas. A las que los reveses amorosos les anudan el esófago y a las que les abren el estómago y, por lo tanto, el apetito. En el caso de mi amiga, se trataba de un estómago desbocado por poderes. Porque ella pagaba y nosotras comíamos, muy solidarias con la pena de amor. «Oye, si no te vas a comer ese rollito, trae *p'acá*». Y ella, en efecto, seguía con su rollito de «segunda ronda», que es como en el argot de nuestra avanzada edad se llama a los divorciados con los que se liga. (Los hijos, por cierto, son la mochila). Tomamos los famosos dim sum de pato con *foie gras* (24 euros), rodaballo con jengibre (27,50 euros), rollitos de marisco (12 euros) y pato asado a la cantonesa (26 euros). Y ahí las dejé en la terraza, agradabilísima, bebiendo vino blanco y despotricando sobre la falta de compromiso de los divorciados, de ¡cómo está el servicio! y de lo bien que se trabaja con el horario de verano. Y me largué al periódico con ese gozo amargo que solo causa la desdicha ajena.

Volví el martes a Tse Yang con dos amigas solteras y currantas. Esta vez no habría vino blanco ni desamores; solo hablar de trabajo, de dietas y del último método para quemar haciendo ejercicio. Una hace *crossfit* y va a correr una maratón y la otra es la

tipa más maciza de Madrid. (Su trabajo y privaciones le cuestan).
Pedimos unas verduras orientales (14 euros) y un pato lacado estilo Pekín (78 euros). Las dos protestaron por los crepes mandarines (¡hidratos!).

Lo casan con Coca-Cola *light* y *zero* porque las dos son *sommeliers* de la Coca-Cola. (Yo me tomo una cerveza sin alcohol). Ser abstemia alguna vez no es tan malo. No existen las meteduras de pata, ni la verborrea excesiva ni los cantos regionales. Tan solo criticar, que une mucho. Y esa extraña confianza sin aditivos alcohólicos. El pato de Tse Yang, con el de Don Lay, es el mejor de Madrid. Y en esa terraza... no tenían mi aperitivo favorito de la gastronomía china. El huevo negro de cien años. Suena fatal, pero sabe a huevo duro con cilantro... Fueron 40 euros por cabeza.

DESEO Y ESENCIAS DE JOSELITO

El deseo, la fantasía, las ganas… Los que tenemos cierta edad nos acordamos de Mena Suvari en *American Beauty*, salpicada de pétalos de rosa en la imaginación de Kevin Spacey. (Una escena hoy políticamente incorrecta). Seguro que las marquesas viudas amigas de mi madre fantasean con su Arcadi como un mena (uy) macho recibiendo una lluvia de virutas de jamón. A poder ser Joselito, cuyo propietario, José Gómez, es buen amigo. «¿Pero cómo no has ido a **A'Barra** (Pinar, 15) para la columna?», dice Arcadi. Me excuso en los confinamientos, el fin de mes, la dieta, pero… hace algunos sábados estuve allí tomando el que seguramente es el mejor solomillo Wellington de Madrid porque precisamente es carne de la carne de esos cochinos tan felices que cría Joselito (34,90 euros) en sus montoneras. Lo presentan envuelto en un hojaldre que se mantiene crujiente pese a los jugos que segrega el solomillo y esa salsa que enriquece el sabor en lugar de restarlo.

Ir a cualquier cosa de Joselito es siempre sinónimo de felicidad. Rosa, Cate y yo llegamos para apurar la cervecita (Cate se ha cambiado al cava porque adelgaza) con el aperitivo. Era un brioche con mantequilla, pero no una cualquiera, sino que estaba ahumada con la «esencia Joselito», que no es otra cosa que la grasa del cerdo refinada, concentrada (19,90 euros). El sabor es intenso… ¿Umami? Umami qué será lo que quiere el negro.

En Joselito, y por lo tanto, en A'Barra, es inevitable pedir jamón. Nos lo sirvieron con una copa de Tío Pepe en rama. Con él no me pasa como a los adictos de *Réquiem por un sueño*. Un sorbo basta para que se me iluminen las pupilas con el alumbrado de la feria y el cuerpo se me pone con ganas de oler a albero.

Después nos repartimos unos huevos de Mos, tallarines de jamón Joselito y anguila ahumada —huevo, jamón ibérico de bellota, anguila, guindilla— (26 euros). Antes de pasar a los segundos y al Wellington, pedimos media ración de arroz carnaroli, gamba roja de Denia, naranja y azafrán (19 euros). Pedir arroz es siempre un riesgo pero cuando está perfectamente hilado con una de esas gambas… adquiere una unidad de destino casi universal para aquellos que sepan apreciar lo bien que se pueden hacer las cosas.

No somos de las que toman postre y bebimos una botella de Carmelo Rodero. Ahora me planteo impregnarme en esencia Joselito. Mucho mejor que la mantequilla de *El último tango en París*. Salimos a 120 por barba.

CHULETA, CHULETÓN; POLLO, POLL…

La «dieta sanguinolenta» es a veces imperativa. Hay días en los que se tienen tantas ganas de comer carne que cualquier alternativa es como el café frío del regional exprés. El sabor de las parrillas, el carbón y la leña y, sobre todo, la carne sirven de instrumento de sensaciones primarias. Porque cuando nos comemos (o pagamos) un filete no es solo por el animal, sino por la forma en la que vive (lo que come) y un proceso de maduración que dista mucho de la muerte porque sí.

Charrúa (Conde de Xiquena, 4) y **La Taberna de Elia** (vía de las Dos Castillas, 23, en Pozuelo) son dos modelos opuestos aunque en ambos la cerne es buenísima. En el restaurante uruguayo siempre hay personas conocidas (no necesariamente famosas) que se congregan en la mesa para comer carne y verdura. Y patatas, aunque nuestras madres nos enseñaran de niñas a no mezclar hidratos de carbono y proteínas. No faltan esas verduras a la brasa que atenúan cualquier sensación de exceso. Está muy bueno el lomo alto (55 euros medio kilo) y el chuletón de vaca Holstein (87 euros el kilo), que pese a los sesenta días de maduración carece del sabor a Tutankhamon que tienen esas carnes que se han puesto de moda, con un regusto chero. (Bebiendo vino con prudencia, 65 euros por persona). En La Taberna de Elia, el mejor restaurante de carne de Madrid, hay que tomar siempre Black Angus o Simmental. Ellos calculan la porción, pero con vinos clasicazos no bajará de 60 euros.

Menos conocido es **Latxaska Etxea** (paseo del Molino, 8), en Legazpi. Nos la enseñó la dama ibérica, una célebre productora de embutidos salmantinos que sabe de las cosas importantes de la vida. En Latxaska Etxea las mollejas crujen como las patatas fritas de bolsa, pero se deshacen en la boca con el mero roce. Nos pareció exótico comer una *txuleta* (así está escrito en la carta) finlandesa.

El punto de la carne (a mí me gusta *saignant* o incluso *bleu* y a Cate, *à point*) era —¡consenso!— perfecto. Mi carne favorita de Madrid es sin duda la de **Pelotari** (Recoletos, 3), en donde sirven un chuletón vacuno (49,50 euros el kilo) que sabe a esas parrillas que solo imaginamos al aire libre. Más conocido es **Julián de Tolosa**, que hace unos años abrió en Ibiza, 39. Así que ni siquiera hace falta beber para hacerse fotos con el muñeco de Winnie the Pooh que suele rondar por la plaza Mayor. El chuletón cuesta 55 euros.

Nota: por si no lo he especificado. Todos los precios incluyen una botella de vino razonable... para dos.

Marisco sin dejar el riñón

Hay dos frases que distinguen el madrileñismo, que es un fenómeno previo a Ayuso. «Lo buena que está el agua» del Canal de Isabel II y que Madrid es el «gran puerto de mar» de España aunque le falte, precisamente, el mar de Barcelona. Sería fácil glosar cualquier restaurante de Pescaderías Coruñesas —El Pescador, O'Pazo (mi favorito)—, pero me centraré en el lenguado Evaristo al champagne (64 euros entre dos) que sirven ahora en Lhardy, que ha mejorado con la materia prima de las Coruñesas las antiguas recetas de 1839 del restaurante en el que Isabel II (la del canal) se dejó la ropa interior. Ha debido de ser sencillo. Cuentan que a Emilia Pardo Bazán le pasó lo mismo cuando le acometió un ataque de frenesí amoroso en un carruaje en el que viajaba con Galdós.

Hoy quería recorrer esas marisquerías más populares que aún son coto del madrileñismo. En **La Mina** (Álvarez de Castro, 8) se habla siempre de sus pinchos morunos y las chuletas, pero rara vez destacan las gambas, los carabineros, las coquinas, las almejas… que crepitan en sus planchas. Fuimos tres y con varias botellas de fino, nos soplaron 45 euros por persona.

Mi lector, y sin embargo amigo, Luis Fernando, quería llevarme a **El Boquerón** (Valencia, 14) para comer ostras, merluza, gambas, cigalas… sin complejo y sin palpar la cartera. Es un bar clásico de Lavapiés y sirven esas cañitas tan bien tiradas de las que los madrileños presumimos tanto como del agua del canal de

Isabel II. También hay percebes a buen precio y gambas al ajillo para hacer barquitos Titanic con los que saciar a los niños.

Finalmente, Luis Fernando me tuvo que llevar a **El Cantábrico** (Padilla, 39), un local con un regusto de otros tiempos menos asépticos. Luis Fernando se lo sabe todo y pedimos boquerones con patatas fritas, berberechos, una centolla rebosante de carne y changurro y una bandeja bastante generosa de percebes. De postre, mi lector pidió un montado de lomo adobado a la plancha que nos quitó ese regusto a marisco. Nos bebimos una botellita de godello sin marca que estaba fresquito y acompañaba bien. Le cobraron 140 euros. No es caro dada la calidad. En otros sitios hubieran caído los 100 por persona. Lástima que ese día no tuvieran cazuelitas de angulas.

En otro nivel está **El Señor Martín** (General Castaños, 13), uno de mis sitios favoritos que merece una entrada delicada y muy precisa, como el punto de sus pescados. A El Señor Martín se puede ir con dos actitudes: tomar unas tapas (aunque sean raciones) en su barra, o bien, acudir al restaurante en donde se come muy bien. Las cocochas (yo las escribo sin «k» ni x), el salpicón de bogavante y el borriquete aliñado son algunos de los platos que se pueden pedir porque su elaboración es original, única. Pero lo mejor son los pescados: las gambas de Vilanova, las almejas al sarmiento y lo que se le ocurra al chef que, por lo general, se guía por la calidad de lo que le traen de las lonjas. ¡Qué bonita es la palabra lonja! Respecto a los precios, lo cierto es que El Señor Martín no es barato. Prepárense a apoquinar alrededor de 80 euros.

En **Bistronómika** (Ibiza, 44) pasa algo similar. No tiene carta porque depende del pescado de ese día. Se trata de un restaurante pequeño pero ilimitado por lo bien que hacen las cosas, sin necesidad de recurrir a los caviares que ahora pueblan las cartas de tantos restaurantes esperando que algún bolichico o algún bolagrande traspase la puerta; ofrecen platos muy buenos, diferentes. (Una buena merluza frita es sencilla de hacer en casa, aunque cada vez sea más difícil de encontrar). El día que mi jefe me invitó a Bistronómika tomamos un ceviche de pescado ma-

durado que sabía como la piel de la persona amada, unas alcachofas con caldo *dashi* y cecina de Simmental y, para acabar con los
entrantes, unas cocochas con manitas. De pescado nos tomamos
un salmonete para dos. Siempre he sido partidaria de los salmo-
netes de dedo meñique que se pueden comer casi sin espinas,
pero he de reconocer que la carne del salmonete de Bistronómika producía la misma emoción que el primer baño del año en el
mar. Solo nos tomamos una botella de vino. Es de suponer que le
saliera a más de 100 pavos por cabeza. Es de esos señores que no
dejan mirar la cuenta.

HUEVOS Y ANGULAS

El otro día volví a **El Landó** (Gabriel Miró, 8) y, pese a algún grupo que se hacía un selfi, tuve la sensación de volver a otro tiempo más feliz, porque, si bien la vida iba en serio, no todo necesitaba ser solemne. En El Landó se come bien sin imposturas, que es como siempre se ha llamado lo que ahora se dice postureo. (A saber por qué. Con lo bonito que es meterle a alguien un corte en lugar de darle un zasca). Comimos gambas al ajillo (20 euros), cocochas (30 euros), churrasco (56 euros cada dos personas) y *steak tartar* (25 euros). Para beber nos pedimos un Contino. O mejor dicho, sin tino porque nos quedamos hablando del metaverso. Uno de los que estaba conmigo presumía de terrateniente virtual y quiso apoquinar la cuenta. Entonces lamenté que no hubiésemos pedido angulas. O huevos con patatas fritas. Aunque esos prefiero comerlos en **Lucio** (Cava Baja, 35), restaurante hermano de El Landó (o viceversa). Una vez que mi madre sacó a cenar a mis hermanos, entonces adolescentes, se encontró con una amiga mujer de torero que iba con Lola Flores y Marujita Díaz. Juntaron mesas. Marujita se puso al lado de uno de mis hermanos y se volvió hacia mi madre: «¿Es extranjero el niño?». Mi madre se extrañó. Marujita no cejó en su empeño: «Es que le he puesto la mano en mi pecho y como no aprieta…».

Cuando voy a Lucio siempre prefiero cenar en el piso bajo, concretamente en esa mesa en el rincón en donde solía cenar el rey Juan Carlos antes de que decidiera hacernos —o mejor dicho, hacerse— la puñeta. Pedimos los huevos, claro. También una cazuelita de angulas, que están carísimas, pero siguen siendo ese plato bueno bueno tan nuestro. De segundo nos tomamos una merluza a la romana de esas en las que te comes hasta la piel de la rodaja y chuperreteas el pedazo de espinazo. Hubo poca piedad. Nos soplaron 110 euros por cabeza porque tomamos Murrieta.

Sospecho que este texto gustará poco a Arcadi, que no es amigo de este tipo de restaurantes, pero a veces, eso me lo dijo Joan Roca, parte del mérito de la cocina es su poder evocativo.

Casa Salvador (Barbieri, 12) es una versión más económica, pero no carente de encanto y disfrute. Me gusta que el restaurante siga siendo tan siglo XX. Con sus fotos de toreros y los camareros con chaquetillas blancas. Hubo huevos, entrecot, pollo al ajillo, rabo de toro, albóndigas, panaché y judías verdes salteadas. Con Dehesa de los Canónigos nos salió a 40 por barba.

EL MEJOR *STEAK TARTAR*

De niñas en París, las Herrera y yo nos íbamos a beber vino tinto y a comer *steak tartar* al Bar des Théâtres, un localito donde se podía comer a buen precio considerando la cercanía a los Campos Elíseos, el Sena y esas señoras ricas que en aquella época eran todavía francesas (en vez de rusas o del Golfo). Entonces, el *steak tartar* nos parecía un plato tan exótico como el *shushi*, los *tataki* o cualquiera de esos platos con cosas crudas que ahora son casi habituales hasta en los bares de carretera más siniestros. Y, por lo tanto, peligrosos.

Comer *steak tartar* es menos bonito (y más *influencer* y vulgarote) que comer filete tártaro. O un filete ruso en vez de hamburguesa. Sin embargo, siempre impresionan los restaurantes que terminan de prepararlo frente al comensal y luego lo acompañan con esas patatas suflé que son masticar el aire. La ceremonia tiene un punto erótico (como de meter mano —con «sí, sí, sí» hasta el final—, y esas manos amasando la carne bien sazonada nos devuelven a tiempos atávicos). Me podrán acusar de recomendar siempre lo mismo, pero en estos casos siempre prefiero no arriesgar. No hace falta insistir en el de 44 euros que se sirve en **Horcher** (Alfonso XII, 6). O ese que preparan con un ímpetu especial en **Saddle** (Amador de los Ríos, 6), que también vale los 40 euros que cuesta. Tampoco habría que olvidar mencionar esa maravilla que declinan en **Hortensio** (Hermosilla, 2) como tartar de solomillito con anchoa y que sirven con la croqueta de menudillos, el bombón de confit y manitas de cerdo, la royal de pichón y la pechuga a la brasa. Parece mucho, pero se trata de bocados mínimos que van perfectos con traguitos de fino del que tanto le gusta a Arcadi. Pero nada tiene que envidiar el que preparan en **Sacha** (Juan Hurtado de Mendoza, 11) que es uno de los restaurantes mejores de Madrid pese a los 23,50 euros. Y no lo digo solo por esa tortilla vaga (salivo mientras escribo) que hacen con piparras y morcilla... O el tuétano.

En las novedades, y también más económico, está el de **Comparte Bistro** (Belén, 6) que cuesta solo 18 euros y lo ponen con cruasán y salsa bearnesa. ¿Imaginan mejor combinación? Pues en este restaurante «entre París y Cádiz» (sí, a mí también me hacen desconfiar este tipo de descripciones) también ponen un *croque monsieur* hecho con jarrete mechado y Cantal, que es mi queso favorito. Tampoco se pierdan su versión de la bullabesa o el canelón de pringá... No podría terminar el repaso sin el *steak tartar* (25 euros) de **La Parra** (Monte Esquinza, 34), donde siempre se está bien. Es el restaurante más agradable de Madrid, el más bonito. Y además Tessa y Andrea, las hermanas propietarias, son una suerte de avecillas, por no decir pajarracas, de tentaciones. [Esos martes en los que puntualmente lo convierten en el primer círculo del infierno]. Siempre tomo *roast beef* o *steak tartar* y una botella de Mauro. Mis amigos José y Manuel siempre toman algo llamado *taramsalata*, una pasta de huevas de pescado, y croquetas con su Luis Cañas. Por 50 euros vale la pena estar en un lugar así.

COMERSE HASTA EL TUÉTANO

En un libro de cuentos sobre lobos me impresionaba mucho que en uno de ellos se comieran hasta «el tuétano». Cuando eres pequeña no imaginas que algo con un nombre tan aparentemente gris, tuétano, sea una de esas delicadezas insospechadas de la cocina. Tuétano suena mejor que médula, quizás porque parece menos humano. Imaginen que en **Barracuda MX** (Valenzuela, 7) te sirvieran las tostadas de atún con médula ósea a la brasa en lugar de hacerlo con el sonoro tuétano. Seguiría costando 39,40 euros, pero el reparo sería mayor. A veces es bueno sentirse algo animal. Estar enamorado hasta el tuétano parece más certero que ninguna otra opción que no suene tan salvaje (como es Arcadi).

Una vez contratamos una limusina rosa para celebrar la despedida de soltera de mi amiga Casilda (la artífice de Dear Prudence) para ir al extinto **Viridiana** (Juan de Mena, 14) y comer tuétano, que es uno de sus platos favoritos, pese a que ese cuerpazo de chica Bond que acaba de dejar de ser milenial parezca desmentirlo. El restaurante de Abraham García lo ofrecía fuera de carta y con pan tostado, que es como mejor está el tuétano. Por eso, en **La Cocina de Enfrente** (Ibiza, 40) lo ponen de forma parecida como parte de ese cocido que cuesta 40 euros sin vino.

No se asusten y, si reservan, recuerden ponerse el pantalón de goma. En cualquier caso, untar tuétano en el panazo antes de hacer lo propio con el tocino quizás les parezca excesivo. Traten de olvidar las 786 calorías que dicen que hay en los cien gramos de tuétano, porque para lograr esa cantidad casi habría que extinguir un tiranosaurio.

En una línea más amable está el que se come en **Askuabarra** (Arlabán, 7). La untuosidad del tuétano, tan adecuado para hacerse un bocata, se compensa muy bien con la ensalada de cilantro, que aporta mucha frescura (16 euros).

Y cómo no hablar en este apartado de **Sacha** (Juan Hurtado de Mendoza, 11), que ofrece uno que se sirve con el villagodio (así reza la carta) y que vale 44,50 por barba. O simplemente asado (21,50) acompañando a sus tostaditas, como aquellas jorobas de camello rellenas de la película de dibujos animados de *Astérix y las doce pruebas.*

Sentimientos encontrados en torno a Sacha.

Lo peor de Sacha, como sucedía en Viridiana, son sus devotos. La gente que hace glosa en almíbar del cocinero (excelente, por otro lado) Sacha Hormaechea resulta cansina. En Sacha se come muy bien porque nunca ha abandonado los clásicos que no fallan (el cóctel de gambas, el tuétano del que hemos hablado, la brocheta, la lasaña y su ya célebre tortilla vaga, que según he leído se denomina así porque no hay que darle la vuelta, aunque eso no significa que no quede babosa, que es como nos gusta a algunos). Se le puede poner lo que le apetezca ese día a Sacha: guindillas, chorizo, jamón, setas, morcilla… ¿Cómo no va a estar buena? Sin embargo, a veces, no darle la vuelta a las cosas tiene que ver más con lo simple que con lo sencillo. Y nadie le puede quitar un ápice de pericia a Hormaechea aunque sea para apostillar su restaurante con algo tan bonito como es «Botillería y fogón». Otra cosa son los acohólitos (tienen como una adicción) de Sacha porque llegan como revenidos de otros restaurantes digamos menos simples y con el hambre retrasada (distinto a atrasada). Dependiendo de los vinos, no baja de los 80 euros.

Salvaje carne (humana)

Nunca —y lo digo con la vehemencia de Escarlata en *Lo que el viento se llevó*— se me hubiera ocurrido reservar en Salvaje (con sedes en el barrio de Salamanca, La Moraleja y Canalejas), que se ha puesto muy de moda porque (eso dicen) el ambiente se parece al de Lío en Ibiza. Puede ser... Salvo que falta el Mediterráneo, el aire estival y la meretrizcracia que se respira en las localidades insulares donde chapotean los *pel de ric*.

En estos tiempos en los que se prodigan las cadenas de restaurantes pseudocastizas, no deja de ser agradable entrar en un lugar sin pretensión alguna de parecer lo que no es. Y Salvaje es un restaurante con carne. Y no nos referimos a nada *faisandé*, vacas viejas o maduradas no sé cuántos días, sino a esa carne fresca (humana y viva) que late con la ilusión de la vida. Sin cinismos ni decepciones. Ya saben: de cuando crees que nunca te vas a morir. Y ese precisamente es el principal atractivo de Salvaje. La clientela suele estar tan buenísima (buenos y buenas) que es difícil que los cuerpos no transmitan vibrato (el corazón también perrea) incluso a las que estamos muertas por dentro. Ese *boom-boom* que solo produce el amor (o la promesa de sexo).

¿En qué consiste Salvaje? Es un restaurante para el selfi y el *hashtag*. Para estar y que sepan que has estado. Pero la verdad es que, frente a otros restaurantes similares, no se come nada mal. Por eso auguro que también triunfará entre esos matrimonios de provincias que vienen a Madrid para ver *El rey león* y salir a cenar a lugares de moda.

Eso sí, la música —muy alta— y la sucesión de espectáculos no hacen de Salvaje el restaurante ideal para mantener una conversación de negocios. Pedimos *sushis* con nombres comerciales pero elaborados con cierto sentido gastronómico. Dinamita (relleno de cangrejo y envuelto en hojas de soja, acompañado de mantequilla trufada), Waggyu (wagyu cortado en tartar, con cecina y acompañado de huevo curado en soja de la casa). Después rematamos con *nigiris* de toro, anguila, erizo… Y terminamos con unos tacos japoneses, que estaban muy crujientes porque estaban hechos con alga nori… además de la carne yuzu que daba un toque de frescor… Cuando ya llevábamos dos botellas de José Pariente, empezamos a pedir margaritas. A la tercera, uno de los abogados le dio la visa a la camarera (otro pibón) para invitarnos. Como buenas caraduras, aprovechamos para pedir una botella de champagne. Arcadi se sentirá orgulloso de mí.

ARROZ, CONEJO Y CIEN GRAMOS DE GAMBAS

La semana pasada me iba a ir a un retiro sin alcohol, sin carne, sin… ¿Emilia? Pero también sin Arcadi, que, por supuesto, pasa de estas cosas, y si lo hubiera sabido, me habría despachado con el clásico bobita… Sorprendentemente, vadeé la situación muy bien considerando que tengo gente que cree que soy una roja por no haber puesto un microondas en la cocina.

Antes de irme al retiro, decidí entregarme a la mundanidad y comer conejo, que antes de la inflación ya se había puesto de moda. De hecho, en La Catapa y Laredo ya sirven las famosas chuletas de conejo como uno de los platos estrella de la casa.

Como debía despedirme de la vida antes del retiro del yoga, accedí a ir a **Mar Mía** (plaza de Isabel II, 7), el restaurante de moda que han abierto entre los responsables de Manero y Estimar. Nos zampamos un *carpaccio*, una lata de algo y una tortilla de otra cosa no demasiado cara en el aperitivo, y después, Rosa y yo nos pedimos un arroz y conejo mientras que Cate decidió apostar por las consabidas chuletitas de conejo… ¿Caro? Solo decir que las gambas a la plancha valían 36 euros los cien gramos y que nos soplaron 80 euros por persona tras la frugal ingesta. Mereció la pena. Me levanté de la mesa con la alegría (vinatera) suficiente como para poder afrontar mi fin de semana de abstemia en el retiro.

Les resumo el retiro. Me sentó muy bien (vale, me quería emborrachar todo el rato), pero ninguna de las terapias era de *healing-pollas.* Por lo demás, Mar Mía me pareció un buen lugar para escribir de comer el conejo del que se nos privaba en el ayuno. ¿Por qué creen que los calabacines se han disparado un 800 % según el Ministerio de Agricultura?

Es extraño pensar por qué, antes del furor inflacionario, a los españoles les dio por comer conejo. Como gentuza de campo que soy, nunca comprendí por qué el día que conocí a Rosa Belmonte (en una cena de *LOC* con nuestra Carmen Rigalt) se pidió un conejaco con unas patas dignas de Usain Bolt.

¿Merece la pena Mar Mía? Mentalícense a que les soplen 200 euros por persona para que así sea (o uno de esos *bin laden* —billetes de 500 euros— crujientitos). Los percebes parecían tener el sello de Rafa Zafra (o sea: tenían pinta de saber a caro), pero tras haber echado gasolina (130 euros) costaba poco dejarse llevar.

SIMPÁTICAS COCHINITAS

Nos cita Arcadi a Cayetana y a mí en el restaurante mexicano sito en The Madrid Edition, el nuevo hotel que acaba de abrir en plaza de las Descalzas, 2. **Jerónimo** es responsabilidad de Enrique Olivera, chef de Pujol, uno de los dos restaurantes que el cocinero mexicano tiene entre los cincuenta mejores del mundo, así que íbamos con muchas expectativas.

La guerra cultural empieza pronto. ¿Cómo dicen? ¿Pujol o Puyol?, pregunta Arcadi. Y cuando el desconcertado camarero nos responde con acento de Anna Gabriel ya empezamos a reír. Mientras Cayetana y yo pedimos dos margaritas (vulgares, nada que ver con esas espumas como las de Ferran Adrià que sirven en el establecimiento de México DF), Arcadi pide una botella de La Raspa, uno de esos vinos blancos que los andaluces ya bordan y que, como el fino, van bien con todo precisamente porque van más allá. Como nos encanta que Arcadi nos mande, le dejamos a él que decida. Pedimos los chicharrones de cerdo (tacos de torreznos), unas tostadas de bogavante que valían un pico; una ración de Sikil Pak (una especie de verduras con salsa romescu) y los calamares a la veracruzana que ni fu ni fa (elaborados con tomates, aceitunas, alcaparras fritas y guindilla). Arcadi dice que para acabar le gustaría ese plato, cochinita pibil (cerdo ibérico, achiote, xnipec, salsa de habanero), que parece tan simpático. ¿Qué dices, Arcadi? «Que las cochinitas son siempre simpáticas». Y nos morimos de risa porque ya me había dado el titular de esta crónica. Y así se quedó la comanda. Luego pidió otra botella de tinto de cuyo nombre no puedo acordarme y un plato de quesos.

Empiezan a llegar las cosas. Los chicharrones parecen de cualquier verbena a las dos de la mañana. (Los de las seis son otra cosa). «Los de Salino o Verdejo están mejor», dice Cayetana. Y yo le digo que tiene razón, «como siempre». Las tostadas, el platillo más costoso —bogavante aderezado con cebollino fresco—, están agradables, pero nada reseñable. Como el resto de lo que pedimos. Las verduras (el famoso Sikil Pak) era una composición tan fallida en textura como en gusto. Lo único reseñable fueron las simpáticas cochinitas.

La cena nos costó 120 euros por persona. Un tanto excesivo porque no pedimos nada complicado o caro. Ni siquiera el chuletón de 90 euros que nos recomendaron. Quizá nos deberíamos haber tomado algunos mezcales para anestesiarnos de la vida y de que las cochinitas son lo único que nunca falla. Habrá que volver en unos meses. Cuando esté más rodado.

2,5 KILOS DE «CHULETONACO»

No había ido a la **terraza del Ritz** (plaza de la Lealtad, 5) desde su reapertura como Mandarin Oriental, así que decidí saldar una deuda con los lectores de estos Paganinis que a veces me han preguntado por la oferta de Quique Dacosta.

Siempre me ha gustado frecuentar la terraza del Ritz (ahora pomposamente lo llaman «jardín») porque era el lugar ideal para comer o tomar un alguito después de visitar el Museo del Prado.

En ese sentido nada ha cambiado, pues sigue igual de agradable, salvo por ese empeño de las cadenas de lujo internacional por vulgarizar al máximo sus hoteles, que es lo mismo que hacerlos globales. Aunque en el bar estés bebiendo con un retrato de Elvira Lindo y Jorge Pardo sobre la barra, la música, lo que se respira en ese ambiente no es el de esas golondrinas de Wiesenthal que viajaban en el siglo XX, sino el de los *instagrameros* más preocupados por marcar la ubicación para sus seguidores que por disfrutar de lo que se come, se bebe y se ve fuera de las pantallas. Y de la música… en fin. Es decir, comparado con el viejo Ritz, el nuevo es más antipático y, por lo tanto, menos acogedor.

Cuando fui, la cocina de Quique Dacosta no estaba tan rodada, no era tan precisa como la de su restaurante en Denia. Tampoco creo que sea la pretensión del chef, ya que los comensales de los hoteles tienen muchas veces otros requerimientos que los de quienes acuden a un restaurante gastronómico (eso más bien es Deessa, que también está en el hotel). Dacosta ofrece un menú por 59 euros por persona que, por supuesto, se dispararon porque nos liamos a beber un champagne al que supuestamente nos iba a invitar una bollivariana (una riquísima lesbiana venezolana que no disimulaba su filia madurista) a la que conocí en el gimnasio elegante. (Al final de la cena, no le funcionó la tarjeta a la muy... La reputación se le queda en las tres primeras sílabas).

Como pedir arroz de noche nos parecía indigesto (lo que me había recomendado Arcadi), comimos tortilla de patata con panceta, atún y gazpacho de bogavante... De segundo nos apretamos la costilla lacada y dos pollos picantones, porque nos dio vergüenza pedir el chuletón *tomahawk* de 2,5 kilos para cenar. ¿Por la sequía y porque los eructos de las vacas afectan al clima? Más bien nos imaginamos el *tomahawk* con un huesaco como el que vuelca el coche de los Picapiedra y nos parecía que no iba bien con nuestros trajecitos de seda heteronormativos.

Lo cierto es que todo estaba muy bueno (nos soplaron más de 100 por barba, pero supongo que también cobran el entorno y el champagne), aunque no tan bueno como en el restaurante de Denia de Dacosta. Hasta en Navidad la terraza del Ritz merece la pena.

RESTAURANTES PARA LIGOTEAR

Me gusta ver gente guapa. No lo digo en el sentido del término en los ochenta, cuando se contaban las cosas de Chábeli y Marta Chávarri, sino literalmente, mirar a la gente que es guapa; un acto en el que cabe más la admiración y la envidia (que es un sentimiento morboso) que ese deseo que ahora quieren censurar los puritanos. Todos somos un poco como Aschenbach mirando a Tadzio en el Lido.

Lana Parrilla Argentina, en Ponzano, 59, se puso de moda antes de verano y es uno de esos lugares en los que se puede ver gente guapa mientras se come bien y sin pretensiones. Eso garantiza que, si hay posibilidades con el guapo o la guapa de turno, al menos sabremos que demuestran cierto criterio (aunque cada vez me parece más pesada la gente que presume de «saber comer bien»). Las gallinejas y zarajos se dicen chinchulines (9 euros la media ración) en Argentina y suena a algo que no son tripas. Los de Lana están muy buenos, crepitantes como las brasas de la parrilla en la que cocinan.

También nos tomamos un chorizo criollo (9 euros) y mi acompañante, uno de esos jóvenes que aún están creciendo, se empeñó en que nos atizásemos unas patatas con huevos fritos en grasa vacuna (19 euros). No se piensen que aquel joven era como el Chéri de Colette —o mejor dicho: el Dinio de Marujita—, sino mi sobrino Paco Paco, al que llamamos así por John-John Kennedy. Después nos tomamos un bife (60 euros), aunque hay otras carnes más delicadas. Con vino, me soplaron como 90 euros por barba.

Otro sitio de moda en el que se come bien es **Bakán**, que está en un lugar de moda (plaza de la Independencia), pero que es divertido y sobre todo simpático. El día que fui había un cachondeo de mexicanos animosos en la terraza, un ambiente bastante propicio para la diversión. Unimos mesas y cenamos tequila y tacos (el de carnitas prensada con chicharrón y guacamole es maravilloso...), lo que nos dejó listos para el karaoke que hay en Recoletos, que se llama BAM. Rematamos en el Gunilla. La cena costó unos 60 euros.

Otro lugar al que ahora van los guapos y guapas es **Virrey** (Zurbarán, 8) porque resulta animado y, además, la comida está muy buena. Tomamos ostras, ensaladilla rusa y un virrey. Me invitó uno de mis viejos verdes a quien prefiero denominar «mi tío». Ignoro a cuánto le salió la cena con la botella de Villa Monty. Y en estos lugares de personas guapas seguro que algún día ven a esos seres, los más tristes del mundo, los exministrables.

Percebes que no cuestan un riñón

Con septiembre no solo empieza el nuevo curso, sino que también es el primero de los meses con r, en los que según el proverbio se puede comer marisco. Tenemos pues hasta abril para ese deleite tan español que es hartarse de gambas sin recato alguno (y mejor si paga otro). Los sitios caros ya se los saben ustedes. Seguramente esto a Arcadi no le gusta («bestezuela», pensará), pero nada hay como ir a esos sitios en los que huele a marisco, alegría y cerveza. Incluso si las papeleras adosadas a la barra están rebosantes de servilletas de esas que no secan. Comer marisco mancha mucho.

Este no es el caso de **Villa de Foz** (Gonzalo de Córdoba, 10), al que suelo llamar los martes de los meses con r para preguntar por el calibre de los percebes, si es que han traído. La dueña responde con sinceridad y su dulce acento eslavo. Hace años que compró el restaurante a un gallego para el que había hecho de jefa de sala. Si me dice que los percebes son grandes y buenos (a veces te recomienda que vayas a comer otras cosas que no sean percebes), me planto allí con algún acompañante de la Transición y pedimos nuestro medio kilo de percebes. (Él se toma un whisky y yo una cerveza). Y también hay nécoras, centollo, almejas a la sartén. El marisco en su punto perfecto de cocción y el medio kilo de percebes no pasa de 60 euros.

Algo más caro es **La Lonjería** (avenida de la Albufera, 323. Edif. Vallausa. Pta.1. Nave 8-9), uno de esos lugares inesperados

que convierten Vallecas en un lugar de peregrinación por eso
que ahora llaman pomposamente «producto», aunque algunos
preferimos materia prima. No solo tiene unas conservas propias
de la mejor vinagrería de Madrid (y hay buenos salazones), sino
que también traen unos pescados y mariscos que están bien, aunque es verdad que desde hace un año comer o cenar en La Lonjería es bastante más caro que antes. Es lo normal, a no ser que se
vuelva a instaurar la galera (con esclavos) y el galeón como em-
barcaciones de pesca.

Hay gambas de todos sitios: de Huelva, del Mediterráneo...
pero si lo que les apetece es hacer boca sin que les duela el riñón,
no dejen de tomar las coquinas, gambas al ajillo, calamares... Y
si les mola esa esnobada que es pedir angulas en Vallecas, pues
hagan lo propio, porque están estupendas, pese a que también te
meten un poco de rejón (no tanto si lo comparamos con otros
restaurantes). Eso sí, es imprescindible reservar y, a veces (yo tuve
suerte), tardan en atender. Si no se les va la olla, les sale a 40 euros
por barba.

EL MEJOR DEL VILLAMAGNA

Querido Arcadi, me tienes abandonada. Intento llamarte para cenar, comer y, de propina, que me propines (Ay, cuando dices ese «¡boba!»…). Pero la vida, mi vida, nos tiene a cada uno por nuestro lado. Por eso me veo obligada a contarte mis andanzas en estas breves líneas que siempre inspiras.

Esta semana no he salido del hotel Villamagna, y no precisamente porque fuéramos a refocilarnos en las nuevas habitaciones, sino porque acudí a cenar a **Amós** (José Ortega y Gasset, 2), el restaurante que Jesús Sánchez ha abierto en la capital. Nos soplaron 83 euros por persona con una botella de vino Lara O, una bodega de Aranda. Estaba muy bueno. Lo cierto es que en estos tiempos en los que la cocina no cree en la propiedad conmutativa —recuerden: el orden de los factores no altera el producto— es una gozada llenarse la boca de sabores que no emulan ni simulan, sino que son la mejor versión de lo que lees en la carta. Factual, como te gusta a ti.

A mi padre y a mi tío Javier Sainz, que solo come rabas, merluza y bebe Ballantine's, ya se lo he recomendado. Cenamos unas gildas, los puerros a baja temperatura con mahonesa de bacalao y el perfecto de pato. También tomamos el ravioli de marisco, crema de cigalas y crujiente de tinta y bogavante. Y he de decir que cada uno de los bocados del ravioli fusionado con el crujiente y el marisco provocaba una de esas sensaciones de mar al amanecer, entreverado por una pasta tan sutil como las libélulas. ¿Acaso no se puede hacer con «libélula» lo mismo que hizo Nabokov con Lo-li-ta? («La punta de la lengua emprende un viaje de tres pasos paladar abajo hasta apoyarse, en el tercero, en el borde de los dientes»). Pues eso pasa con el marisco abundante y cocinado en su punto. O sea: poco. Después tomamos una merluza en salsa verde con clorofila y berberechos, que pasa a convertirse en mi favorita. Espero que algún día la probemos juntos.

El miércoles me fui con Iñaki a **Namek** (Marqués de Villamagna, 2), en el mismo hotel, aunque tenga entradas distintas. Comparte este restaurante indio fachada con Tse Yang, el chino bueno de siempre. Comimos unas berenjenas buenísimas y sutiles. Después un curry de pollo de Delhi y acabamos con un jarrete (jarrete en hindú es…). Como Ellakuría es laminero (y no le gusta el mango), pedimos una *panacotta* de coco. Él bebió vino blanco como las señoras y yo un par de cervezas Kingfisher. Me soplaron (me tocaba invitar a mí) 160 euros. Lo mismo que en Amós, pero sin vino y sin esa factualidad milagrosa.

Siempre tuya, tu bobita. E.

EL NUEVO VIEJO ZALACAÍN

«Arcadi, ¿tú has ido al nuevo Zalacaín?». (Recientemente Urrechu se hizo con la adjudicación del concurso de acreedores). «No, aún, no. ¿Merece la pena?». Y titubeo al opinar. «Pues la carta es igual que como yo la recordaba, pero, al contrario de cuando era pequeña, no me he levantado nada pesada. No sé si esa cocina es de otros tiempos». Arcadi me corrige (y me pone cuando lo hace) que la cocina si está buena no pasa de moda. Otra cosa es que él no sea partidario de salsas espesas. Cuando era niña, Zalacaín era el restaurante en el que los mayores se jugaban las cenas porque era donde pasaban cosas entre eso que llamaban la *jet* y la *biutiful*. También donde los políticos escenificaban el famoso cambio de las tres ces que marcaba el famoso pelotazo: casa, coche y compañera. Las cosas, y eso lo saben hasta en Podemos, no han variado. El cambio de las tres ces sigue siendo una realidad, aunque ahora añadiríamos la c de comida, porque… —¡faltaría más!— también las izquierdas gustan de los buenos restaurantes.

Zalacaín era un símbolo del setenta y ocho, y no ha abandonado ese espíritu. Lo sé porque hace una semana volví a la infancia y fui a Zalacaín con padres (aunque no los míos). La última vez que había estado en el restaurante fue en un cumpleaños de mi madre.

Puede decirse que, salvo la decoración, el nuevo Zalacaín sigue siendo aquel Zalacaín de siempre donde un exministro franquista podía citarse con un comunista de vuelta a España. No está Carmelo, el jefe de sala, pero su espíritu impregna el servicio. Atento y perfecto, sigue llamando don a quien ya se lo llamaba hace veinte años. Pedimos lo que se comía en Zalacaín: ensalada de bogavante (44,50 euros), raviolis rellenos de setas, trufas y *foie* (29,25), huevo escalfado, champiñón de París y rulo de patata (26,30), pichón sobre carbonara de oporto (41), Wellington de centro de solomillo, crema de granadas y salsa cinco pimientos (40,25). Y, por supuesto, los callos de Jorge Losa que (¿un oxímoron?) estaban sumamente ligeros. Untuosos, pero no pegajosos (32,90).

No digo quién tomó qué porque mi madre dice que estas crónicas me engordan. Descartamos el postre, aunque para los nostálgicos había crepes preparados en sala. Como las patatas suflés que prueban que el aire también cruje. No sé cuántas botellas de Pago de Carraovejas nos bebimos… e invitó el padre de mi amiga, como cuando éramos pequeñas y estaba mal visto que los que habían sido ministros de Franco no se entendieran con los comunistas.

Quizás el nuevo Zalacaín de siempre sea más ligero, pero tiene lo mejor de aquel primer tres estrellas de Madrid sin necesidad de enfundarse el pantalón de goma. Monedero, ya estás tardando en ir.

No vale la pena

A veces me dejo guiar por *instagramers* para probar nuevos restaurantes en la capital. Esos *posts* cuyas fotos invitan a salivar suelen llevarte a la decepción, salvo en algunos casos de gentes de confianza y con criterios sin subvencionar.

En Madrid es verdad que nos faltan buenos restaurantes franceses, salvo la excepción de Hortensio, restaurante ya glosado en estas líneas y ya cerrado. Con las fotos de Instagram de algunas guruesas (que no gruesas) con sus correspondientes loas me dejé caer en **Bistroman Atelier** (Amnistía, 10).

Me cuentan que en la Transición, los señoritos salidos del franquismo se iban a ligar a los mítines del Partido Comunista por aquella legendaria liberalidad sexual que se le presupone a las izquierdas. (Otro mito). Cuando empezaron a ligotear con unas camaradas que decían ser francesas, estas rechazaban sus avances con un acento poco parisino, tan poco nativo como ese español cantado que algunos confunden con un italiano sin mácula. Algo similar pasa con Bistroman Atelier, aunque el responsable sea francés de verdad y lo suyo sea un pretendido homenaje a la carta clásica de esos bistrós parisinos. Sobre todo por la hostia final.

Fuimos con ilusión a tomar *escargots*, pero los caracoles parecían más bien okupas porque no había quién les sacara de su casita. También, una *terrine* de salmón que tenía poco que ver con otras similares, pues eran como fragmentos de salmón ahumado (¿balinesas?) pegados. Con una salsa de hierbas muy buena, eso sí.

Luego Cate se tomó un *magré* de pato que es difícil hacerlo malo a la plancha (además, sabia, pidió que le trajeran la prototípica salsa de frutos rojos aparte). Por mi parte, me decanté por un *steak tartar* bastante decente. ¿Estaba bueno todo? Más o menos. ¿Valía los 85 euros que nos soplaron por persona? Pues para gastarse ese dineral (170 con propina y una botella de vino de 35 euros) tienen bastantes restaurantes en Madrid de los que saldrán bastante más satisfechos.

Desde luego, el restaurante es mono (decorado como para pedirle casarse a una de esas que comen *carrot cake*), aunque te den la matraca con música como cuqui (The Corrs y cosas así). Quizás yo tuve mala suerte porque Cate me dijo que la otra vez que estuvo le había gustado más. Pero es que 85 euros es mucha pasta como para…

Esto de la crítica pura me angustia un poco, la verdad.

El mejor centollo

Una encuesta para el 12 de octubre decía que con lo que los españoles se sienten más identificados (monarquía, ejército, cultura…) es con la gastronomía. ¿Y cuáles son los platos que mejor representan a los españoles? «La tortilla, el jamón, las croquetas…». Sin embargo, cuando llega la Navidad entran en escena los mariscos y la carne. Ese chuletón al punto que tanto decía disfrutar Pedro Sánchez.

No me atreví ni a comentar con Arcadi que celebraría el cumpleaños de mamá en el restaurante O'Grelo, que suena como a anuncio de la radio. Me lo imaginaba perfectamente: «Bobita… ¿cómo llevas a mamá a ese sitio?». Pero el tío Javier y Marilé habían reservado en el restaurante gallego con la promesa de que tomaríamos el mejor centollo de Madrid. No lo creía pues **O'Grelo** (Menorca, 39) me sonaba como demasiado popular, alejado de otras marisquerías de más renombre y señorío. Ya saben: los prejuicios de los estirados. Pero cuál sería mi sorpresa al entrar en el restaurante. Las dos salas, las barras… estaban a rebosar. Y con un acuario lleno de centollos grandes como miuras. Los que saben dicen que prefieren la centolla al centollo. Por eso de que está rebosante de coral… «El coral se lleva mejor en las orejas», dijo mi madre cuando le dieron la opción. Y pedimos el centollaco más grande del acuario. Nos lo trajeron limpio (55 euros el kilo) para metérnoslo en la hormigonera sin trabajo. Aunque también pedimos que nos dejaran las patas para chuperretear y así absorber esos fluidos naturales del marisco.

El centollo estaba llenísimo de esa carne que sabe a todo lo bueno del mar: a Venus, a Neptuno, a agua limpia y a sal. La cocción era perfecta. Los cinco que compartíamos mesa coincidimos en que el centollo de O'Grelo era el mejor que habíamos tomado en nuestra vida. Y eso que había dos cántabros que, supuestamente, degluten marisco a diario.

¿Barato? Pues apoquinó mi hermano Ignacio, pero no se quejó, y él es mucho de quejarse. El mes que viene vuelvo…

FUSIONES Y *GYOZA* DE MORCILLA

Ponían **Le Kañí**, que estaba en Maldonado, 4, como una de las grandes aperturas del año en Madrid. Bueno, depende. Para comidas espectáculo de verdad, muchos preferimos el restaurante de Lorca (Murcia) en el que sirven el marisco a paladas y el vino con una mochila de sulfatar.

Le Kañí, como otros nuevos restaurantes, no quiere ofrecer comida, sino ser un concepto. O un simple escenario para los selfis. (Por las noches, con un DJ, que debe de ser bastante molesto). Y en este caso, el *conceto*, como diría aquel, es la fusión de cocinas japonesa y francesa. ¿Casan bien en Le Kañí? Como muestra: el *sushi* puramente nipón (sin nada francés) y una *crème brûlée* con pretensiones que mezclaba demasiados sabores. Ese mismo problema tenían las *gyozas* —empanadillas— de pollo con curry (12 euros), *frites* de cangrejo blando (14 euros) y un entrecot bastante escaso (40 euracos nos cascaron) con yuzu y miel.

Lo mejor fue un tuétano con tartar y alcaparras servido con pan sardo (22 euros), que estaba bastante bueno. Con vino, comer en Le Kañí, saldrá a 54 euros por persona. ¿Merece la pena? Depende de si ustedes se quieren alimentar de un concepto o de una *crème brûlée* a la que solo le faltaba una pata de cordero.

No pasa lo mismo con otro restaurante cercano, **Tora** (Padilla, 5), un pequeño japonés que abrió José Osuna, ex de Kappo y Sushi 99, hace unos meses en el barrio de Salamanca.

Aquí sí hay una fusión interesante y satisfactoria. Por ejemplo, el temaki de mollejas es una de las mejores cosas que se pueden tomar hoy en día en Madrid. Tampoco desprecien las *gyozas* de morcilla con peras al vino ni ninguna de las sugerencias que les hagan si se sientan en la barra, que es el mejor lugar del restaurante. Comimos a la carta, con sake (que no el sakeo que imponen algunos) y me soplaron por dos personas unos 140 euros. Me pareció que en eso que llaman relación calidad-precio, Tora es barato.

Y eso que cuando fui no había abierto aún el reservado de abajo con menú *omakase* (lo que diga el chef) de dieciséis pasos y que costará 80 euros por persona.

Las raciones de Alcotán

Alcotán (Claudio Coello, 96) hace rememorar sensaciones olvidadas… Ir a un restaurante sin cuentos ni rollos, en el que las patatas suflé sientan tan bien como esos «guapas» que musitaban los viejos en los bancos, cuando todavía había viejos en los bancos. Como cuando veíamos *Pretty Woman* sin sentirnos culpables porque sí… va de una prostituta que se enamora de un cliente.

Mi tío Javier me recomendó Alcotán y me lo quiso adornar diciéndome que los famosos «Botines» de Santander son asiduos a este restaurante regentado por Yolanda Olaizola en cocina y José Luis Pereira en sala. Ambos forjados en lugares tan felices como Príncipe de Viana, Club 31, Akelarre… Y ahí me fui huyendo de cocineros estrellas y de estilistas gastronómicos que han hecho de la palabra emplatado un término odioso. La carta de Alcotán no podía resultar más familiar: ensalada de langostinos y endivias (30 euros); arena de morcilla, huevo poché y queso de Chantada (26 euros); menestra de verduras de temporada (28 euros). También había merluza frita (34 euros), cocochas de merluza al pilpil (44 euros)… Compartimos un *carpaccio* de solomillo, huevo poché, caviar y vinagreta de trufa (44 euros), que complementamos con una ración de patatas suflé (10 euros). Los precios pueden resultar caros (o no, considerando las leches que te dan en otros restaurantes por fruslerías), pero hay que especificar que las raciones son enormes y se comparten bien.

La carta de vinos también me hizo llorar porque exacerbó mi paletismo orgulloso. El primer tinto era Muga. Y había Viña Alberdi, Viña Ardanza... Ni vinos biodinámicos ni orgánicos ni seleccionados de un remoto pago de Tailandia que plantó algún enólogo australiano. Lo de toda la vida: seguro y sin complicaciones. Nos comimos cuatro platos entre dos y un plato de queso de postre para tomar un par de copas de vino más. Me soplaron 140 euros, pero es agradable poder salir a cenar a un restaurante en el que te hacen sentir protagonista (en lugar de convertirte en el baboso de turno del chef con vocación de vendedor de NFT).

No son buenos tiempos para este tipo de reflexiones, pero qué bonito es escuchar expresiones como al pilpil, ajoarriero y dejar de lado los *baos*, las ensaladas templadas, los yuzus o las adaptaciones de platos coreanos con los ingredientes de las sopas cachorras.

VARRA, ALTA COCINA A PRECIO DE BARRA CON «B»

Me llevé a dos usuarios —yonquis, ya— de Ozempic a cenar a Varra (Hermosilla, 7). Pensaba que por el efecto del medicamento comerían poco y que no me costaría demasiado invitar en este restaurante del que tan bien me habían hablado.

Pese a lo que hayan leído ustedes, algunos usuarios de Ozempic siguen zampando como carpantas y además estos invitados míos se bebieron dos botellas de vino tinto. (Afortunadamente, la bodega del lugar es muy extensa e incluía una amplia selección de vinos más o menos asequibles).

La otra sorpresa fue muy placentera; sobre todo para mi bolsillo que se esperaba un quebranto mayor. Varra no es tan caro como haría presuponer el local, muy agradable, y la ubicación. Reservamos en el restaurante, la zona llamada Varra, en donde ofrecen platos que no se sirven en la barra informal, denominada Varra Fina y que está situada en la planta baja del restaurante. Nos pusieron en una mesa orientada hacia el exterior y la luz de la tarde la iluminó de ámbar. Las cervezas estaban heladas y parecía que la primavera ya había llegado.

Pedimos una tostada finísima, como de encaje, con (mucha) gamba roja salpicada de holandesa que estaba muy buena. Después quisimos comer una especie de pan de brioche con picaña y yema curada rallada que era una maravilla y cuyos ingredientes se fusionaban en la boca con el mero roce de la saliva. Cada uno de estos bocados es individual y cuesta 6,50 euros por persona.

Por desgracia, como invitaba yo, a los usuarios de Ozempic no les dejé pedir la oreja con caviar beluga, pese a que era lo que más me apetecía. Costaba 9 euros por tapita individual y se me iba un poco del presupuesto.

De entrada, también nos trajeron unos guisantes con yema y caldo de cocido que estaban crujientes, de temporada, y contrastaban con la suavidad de la sopa. Pensé que gracias a la medicina quitahambres podría seguir compartiendo platos principales con mis comensales invitados, pero, como ellos mismos adujeron, ¿de verdad hace falta tener hambre para comer? Así que, de segundo, pedí un pichón con escabeche de tuétano y coliflor tostada y ellos se decantaron respectivamente por el gamo con salsa bearnesa y cocochas de merluza y pilpil de ave. No quisieron pedir postre, pero la abstinencia no se debió a la saciedad que teóricamente produce el medicamento, sino a que no les gustaba el dulce.

Al final me soplaron como 65 euros por cabeza. Invité, claro, a los usuarios de Ozempic, aunque para la próxima me aseguraré de que la medicina les haya hecho más efecto y que de una vez hayan cerrado el ozempico. En cualquier caso, para la próxima iré a la Varra Fina porque me quedé sin probar la ensaladilla con gamba roja, la oreja brava, el *steak tartar* o los callos.

Espero ir con alguien que me invite y sin necesidad de que Hacienda me *desbrague* la cena (con perdón).

Casa Felisa, ideal para el Tito Berni

Los bares insustanciales se han puesto ahora nombre de «toda la vida». La Bendita, la Fonda de… (y aquí pongan cualquier nombre que se suponga propio de alguien que presume de hacer patatas revolconas y torreznos para sus comensales).

En eso pensaba cuando me propusieron ir a Casa Felisa (Beneficencia, 15) a comer el miércoles. Casa Felisa, ni más ni menos. Imaginaba las croquetas de harina con pitracos de plástico (en casa lo llamamos gamón) y torreznos hechos de caucho. Pero no era el caso. Casa Felisa se ha apuntado a esa moda como de Miami aspiracional de ponerle caviar a todo: el revuelto, los huevos fritos con patatas, la tortilla y el sándwich, claro. (Y cobrarlo, por supuesto. 90 euros ni más ni menos).

Llegue a Casa Felisa con hambre. El día antes me había saltado mi cuaresma de alcohol y traía un pelín de resaca. Bueno, mucha, porque llevaba una semana sin catar el vino. Ya saben cómo son estas cosas de la cruda, que es como se dice resaca en México, me quise pedir la carta porque todo parecía buenísimo y solo leerla activaba las papilas gustativas para la ingesta.

Afortunadamente, mis acompañantes fueron más sensatos que yo y no quisimos caviar. Al final pedimos alcachofas con *foie* (27 euros), un sándwich de pan de brioche con esturión ahumado y velo de papada (18 euros) y una ensaladilla con tortillitas de camarones (16 euros). De segundo comimos filetes rusos de presa (24 euros). Para beber, cerveza. Yo sin alcohol, para penar por abandonar mi cuaresma en la cena de la víspera. Nos soplaron 50 euros por persona. ¿Caro? Pues en realidad sí, porque no bebimos vino.

Aunque es un restaurante bonito, ninguno de los platos era bueno más allá de esos restaurantes con nombres de siempre pero sin la personalidad de las antiguas casas de comida. Barato, pero caro. Comida normalita, del montón. Incluso vulgar, como la ensaladilla con regañá, más que tortillita de camarones. Así era de basta. Casa Felisa está en el hotel Urso, uno de los mejor situados de la capital. Supongo que Arcadi lo conocerá. Una vez le llevé porque dormía allí. Hoy le preguntaré qué opina. No sé si estará de acuerdo conmigo. Quizás hubiera sido otra cosa si hubiéramos pedido todo lo que llevaba caviar. Pero es que eso solo tiene la maldita gracia de la cuenta. Seguro que a los diputados del Tito Berni les encantaría.

FÚTBOL, GAMBAS Y CHAMPAGNE

Unos amigos de San Pedro del Pinatar (Murcia), con barriga de pincho se presentaron con sus mujeres e hijos en Madrid para darse una vuelta por la capital. El martes fueron a Amazónico (en Jorge Juan, 20) y al musical *Matilda,* y el miércoles aparcaron a las señoras en Cristina Oria (Ortega y Gasset, 29) para que comieran *foie,* y se largaron al fútbol. Como les sobraba una entrada (y les hago gracia), me llamaron para que les hiciera de cicerone gastronómica de la capital y les contara qué se cocía en la política, asunto que ignoro totalmente.

Nos tomamos la primera cerveza en Mayflower, el bar clásico en Rodríguez Marín, 92, que es tan clásico como Richelieu o Mazarino y está a quince minutos del Bernabéu andando.

El partido ya lo saben. Los murcianos se quejaron de un japonés supercabezón sentado delante y que no nos dejó ver lo que hicieron Modric y Kroos porque ocupaba la mitad del campo. Mis amigos quisieron celebrar la victoria invitándome a cenar. Acabamos en **Carta Marina** (Padre Damián, 40), y por unas gambas, jamón y unos dados de solomillo al ajillo les clavaron 140 euros, con sus vinos (el Villarrica está muy decente para el precio) y cervezas. Estaban muy buenas, estupendas; sobre todo considerando las horas y las circunstancias. El lugar estaba hasta arriba de madridistas celebrando y los baños estaban limpísimos.

Me quise despedir porque los jueves, como siempre, me toca cerrar *LOC*, pero los murcianos no querían irse a la cama sin brindar con una botella de champagne por Vinicius.

Para ahorrarles líos y taxis, les quise mandar a **Rocacho** en el número 38 de la misma calle, porque había visto un letrero grande de Taittinger, que es uno de mis champagnes predilectos. «¿Tetanyer?», me preguntaron imitando la pronunciación francesa. Pero no se fiaron de mí y, siguiendo las modas impuestas por los medios, se largaron a **Ramsés** a beber «Don Pericón» (así llaman al Dom Pérignon), que es su favorito (y se lo pueden permitir porque no sé en qué rollos de grafeno están metidos). Al día siguiente les pregunté cómo habían llegado. La respuesta era evidente: por las francachelas de los implicados en el caso de los mediadores socialistas. «Es que lo del Tetanyer nos parecía demasiado obvio viniendo con las mujeres y los críos».

Tequilazos y Ferraris

Puntarena (Alberto Aguilera, 20) es uno de esos restaurantes que va haciéndose hueco sin ruido pero con persistencia. Quizás no esté en los circuitos de los tabarrones que hablan de cosas de comer como llorando, pero, sin duda, es un lugar divertido en donde, además, todo está bueno. Allí me citan para cenar un matrimonio y otra amiga que han aparcado a sus respectivos vástagas para probar un poco de la libertad de los viernes.

Él se acaba de comprar un Ferrari rojo (aunque le ha puesto un plástico gris para que no llame tanto la atención) y lo deja en uno de esos aparcamientos cercanos para asombro de los vigilantes. El Ferrari ruge como un león en la sabana; se oye desde muy muy lejos.

En la espera en la barra, la otra amiga y yo nos hemos zampado dos cervezas con sus micheladas y algunos frutos secos. Craso error, porque para cenar aquí es mejor dejar libre todo resquicio de estómago para poder comer más.

No había ido a ningún mexicano desde mi fallida incursión con Arcadi y Cayetana a Jerónimo, que seguramente habrá mejorado en los meses transcurridos desde nuestra visita.

Como a las tres nos encanta que los hombres decidan por nosotras, dejamos la comanda en manos del único varón presente. Para deleite de las que se ponen el mundo por Montero (borrachas y gordas queremos hacer lo que nos da la gana), pide tequila del caro (si no lo pagas tú, da incluso menos resaca) y varios platos.

Tostadas de atún (16 euros por unidad), «puerro frito, aderezo de chile», que están francamente buenas. Aguachile (22 euros), «pesca del día, cítricos, chile serrano, menta» y ceviche (22 euros), corvina, maíz, lima, cilantro, chile cuaresmeño. Para rematar, nos trajeron un pescado a la talla («asado al carbón, pastas de chiles, guarnición») que costaba 76 euros y que me pareció de los pescados más buenos que he tomado en Madrid (y eso que somos habituales de Pescaderías Coruñesas, El Señor Martín, etc.).

Impresionados, nos apretamos un par de tequilas más y el señor llamó a su hijo mayor, que todavía no se había ido de juerga, para que recogiera el Ferrari. Cuando el chico llegó no podía creer su suerte, aunque su padre le rebajó los humos subiéndose en el asiento de copiloto y diciéndole que tirara para casa. Ni idea de lo que pagó. Al lado del Ferrari, seguro que poco.

La marisquería del chino Iván

Taberna Delfín (Eugenio Caxes, 12) fue recomendación de Guille Dávila, que sabe mucho de estas cosas de comer (aunque sin la afectación de otros gastrónomos). Como me debo a este trabajo de cronista, pese a que estaba un poco jodida por asuntillos del cora (como canta Jimena Amarillo), me cité con Nuala Phillips y José Luis Romo para ir a la Taberna Delfín y ver si era tan reputada como decía Dávila o una reputada como otros restaurantes que te sugieren en las redes sociales. Esto es, caro y que no merezca la pena la inversión.

Llegamos por separado a la Taberna Delfín. A todos nos encantó el lugar, un santuario a salvo de eso que llaman gentrificación, pero que yo prefiero decir aburguesamiento. O *mainstream*. O simplemente: vulgaridad. Al frente, un español de origen chino, Ming Hen Chen, que se hace llamar Iván, y que es un estilo Xi cruzado con cualquier persona crecida en Usera (*verbi gratia* Mar Flores, «la flor de Usera», y el ministro Albares son de aquí). «¿Tiene marisco?», pregunté, porque era martes, al bueno de Iván. Y con esa diligencia oriental, me recomendó unas gambas de Huelva y unas cigalas de tamaño mediano que estaban muy bien cocinadas, con ese punto en el que la gamba no ha perdido tersura antes del golpecito justo de plancha. Como tanto Romito y Nuala como yo somos del sindicato de reírnos, empezamos a hablar del cuento de la cigala y la hormiga, que suena un poco a los ERE de Andalucía, pero que resume bien la situación de tantos ciudadanos. Como diría Ayuso: ganas de Madrid con gambas.

En Taberna Delfín esto significa gran marisco a buen precio (aunque tampoco se hagan ilusiones) y sin esos rollos gastros que restan mucho encanto a cualquier comilona. O camareros untuosos que se licúan en palabrería. En Taberna Delfín también ponen unos callos buenísimos, tan ligeros que nos dijimos que seguramente no engordaban. Y para rematar, pedimos una ración de oreja con salsa picante tan crujiente que sonaba cla cla cla con cada bocado.

Para beber nos tomamos una botella de José Pariente y muuuuchos dobles de cerveza. Nos costó casi 50 euros por barba. No es barato, pero por lo menos vale la pena. Eso sí: estoy deseando caminar por Usera con mi Arcadi mientras comemos oreja de la Taberna Delfín de un cucurucho. Si los hacen de salchipapas....

Otro día volví con mi hermano Ignacio y Cate y nos decidimos a adentrarnos en la carta de mariscos de Iván. Los caros, más baratos que en ningún otro establecimiento, eran también excelentes. Hasta a veces tienen angulas. Y respecto a la carta de vinos pasa algo similar. Vinos que normalmente valen más de 60 euros aquí se pueden pedir por 40. Y no parecen falsificaciones dado lo buenos que están.

Tortilla en la mejor terraza

Fui al **Club Financiero Génova** (Marqués de la Ensenada, 14) el mismo día del numerito de Bolaños en el 2 de mayo de Ayuso. La verdad es que era una de esas tardes de jolgorio colectivo pese a que la situación al final quedó en carne agria de meme. Sobre todo después de que a Bolaños le ingresaran en el hospital por unas piedras en la vesícula, como si fuera el particular sortilegio para este Atlas de Sánchez.

El Club Financiero Génova acaba de volver a abrir tras una reforma muy ambiciosa bajo la tutela de La Ancha, que suele ser una garantía de comer bien. Las vistas de la terraza son, sin duda, las mejores de la capital, por encima de las del restaurante de Dani García en el Four Seasons y sin ese trasiego de las golondrinas, más bien pajarracos, que moran ahora en las cadenas de hoteles internacionales.

Las aperturas recientes necesitan cierto rodaje, cenamos bastante bien. Nada sorprendente (todos conocíamos La Ancha y Las Tortillas de...), pero tampoco decepcionante, que no es poco.

El comentario de los comensales fue unánime: «Qué fea es la Torre de Valencia, pero Isabel Díaz Ayuso ha estado muy bien».

Comimos una ración de jamón (se nota que no pagaba yo), un tomate al que dieron mucho rollo (demasiadas expectativas) y unas alcachofas que estaban estupendas. También tomamos un tartar de cigalas en un caparazón de buey de mar (muy bueno) y unas colitas de cigala rebozadas. Después nos tomamos un pescado al horno con una lechuga de esas que cruje entre los dientes y que cada vez cuesta más encontrar. Por lo demás, y porque estamos en elecciones, renunciamos a otros clásicos de la casa como la tortilla velazqueña con salsa de callos, que es mi plato favorito de La Ancha, y a esas albóndigas de ternera que me hubiera comido como si estuvieran apiladas como la célebre *montagne de croquembouche* (profiteroles) de Lenôtre.

De beber también fuimos clásicos: una botella de Hacienda Monasterio que estaba un pelín *bouchonné* (acorchado), pero que se bebía bien. Le cobraron a uno de los tipos que me acompañaban. No sé lo que le costó. Lo que es evidente es que las vistas valían más. Y seguramente, cuando la cocina y el servicio cojan algo más de rodaje, será un lugar en donde echar las tardes de primavera y las mañanas azules de invierno. Y beber y comer bien, que es de lo que se trata. Ya era hora de que la mejor terraza de Madrid tuviera un restaurante a la altura.

Un barato y buen descubrimiento

No había ido a **Taberna Recreo** más que para tomarme en la barra un brócoli (suena a coña, pero está buenísimo: a la brasa y con kimchi y comino ahumado) y una copa de vino blanco. Era un sitio cómodo, cerca de casa, situado casi enfrente del antiguo Verdejo que en su día me descubrió con gran alborozo Arcadi.

La semana pasada fui a comer por primera vez a Recreo y me arrepiento de no haberlo hecho antes. A veces, tendemos a ignorar lo que tenemos más a mano. O a postergarlo porque está ahí. Pero cuidado, es imprescindible reservar, porque se trata de un local pequeño en el barrio de Salamanca.

Desechamos el clásico brócoli (ya harto conocido) y nos decidimos por platos nuevos que están en una carta breve, sin pretensiones y bastante particular.

Tomamos un taco de hoja sisho, cochinillo frito, chanquetes y *yakiniku* barbacoa que estaba buenísimo, aunque yo no sepa explicarle lo que son esas cosas. Solo diré que la frescura de la hoja aligeraba bien la mezcla. Después probamos un *carpaccio* de langostinos al ajillo que era verdaderamente excepcional y el que es mi plato favorito del lugar: un tartar de tomate, lascas ibéricas y yema, que era casi luminoso en cada bocado en este mayo que marcea y mayea según el momento.

De segundo, quisimos cometer uno de esos pecadillos veniales y probar la particular versión (ellos lo llaman homenaje) del «clásico San Jacobo, chicharrón de Cádiz y provolone» que tenía ese tamaño perfecto (acorde con los 11 euros que costaba el plato) para que no suponga ya hartura. (Por cierto: si van a Puntarena no dejen de pedir la milanesa cantinera: solomillo, salsa verde y queso gratinado).

De hecho, tras el San Jacobo, pequeñito, quisimos probar más cosas, así que nos atizamos un plato que nos había llamado la atención en la carta pero que no nos atrevimos a pedir por pudor. Se trataba del mollete del obrador Máximo con pastrami de Black Angus ahumado, pepinillo, mostaza y queso manchego. Ya se pueden imaginar cómo estaba.

Ya saben el eterno dilema en cualquier mesa. Queda vino, pides queso. Te queda queso y pides más vino. Y en ese bucle que podría ser eterno hasta el empacho o el coma etílico, nos vimos atrapadas cuando pedimos, para acabar el vino que nos aconsejaron, una selección de cuatro quesos. De nuevo, la ración perfecta.

Nos soplaron 45 euros a cada una.

Los Picones de María, una casa de comida con estrella

A Arcadi le gustan mucho los Picones de María (Simancas, 12) aunque me cueste mucho imaginarlo por Tetuán. Es un restaurante que me viene muy bien porque está cerca de la redacción de *El Mundo* y suelo ir cuando tengo poco tiempo y puedo disimular que trabajo dormitando sobre el teclado. (Una vez le mandé sin querer a Arcadi el resultado de estas siestas: «Jolinessss ssssssssssssssssssssssssssssssssssssssssssssssssssssssssssssssssssssssssssssssss», ponía en el email). Hablar solo del cocido de los Picones de María, que está muy bien, es limitar un poco las posibilidades de este restaurante, uno de los mejores de Madrid. Fui por primera vez con Cate y con Gus, que es uno de mis planes favoritos porque ninguno de los tres tiene miedo de experimentar nuevos platillos ni tampoco a explorar otros sabores en el vino. Encuadran a los Picones en el apartado Casa de Comidas como si la palabra restaurante se quedara grande y fuera esta el equivalente al *bistrot* o la *brasserie*. Pero restaurante es una palabra adecuada y la cuenta (ahí entra la variable del vino) no pasa de los 60 euros. Ahora se habla mucho sobre si en las cocinas prima el producto (la materia prima) o la elaboración. En los Picones hay un equilibrio entre ambos. La cazuelita de gambas es una buena prueba de ello. Las gambas están poco cocinadas y dejan en la lengua una untuosidad que permite que el aceite se mezcle con el marisco. También hay buenas verduras dependiendo de la temporada. Otra cosa que está muy bien es la terrina de oreja a la plancha con salsa brava y las mollejas de lechal glaseadas con yema de huevo. (Con estas entradas nos tomamos una botella de fino). Después compartimos una chuleta con ch (normalmente lo ponen con tx). Como ninguno de nosotros es laminero, pasamos de tomar postre. Después nos fuimos a tomar un copazo al Cock sintiéndonos moralmente superiores a los que van a restaurantes en lugar de a casas de comidas.

Horcher, ese lujo anacrónico de las cosas bien hechas

Una de las cosas que están bien de Horcher (Alfonso XII, 6) es que no se puede ir como si se fuera a cualquier sitio. A los hombres les exigen corbata y chaqueta y las mujeres no pueden ir mal vestidas; esto no siempre quiere decir elegante (basta con ver a las esposas de los presidentes de la Liga). Entrar en Horcher es entrar en otro mundo, y hay que ir preparado para asumir que en el restaurante no solo se paga por la comida, sino por viajar a otro tiempo en el que no había prisa ni inmediatez. Cuando llegas, el camarero enseguida pone el cojín —un escabel— en los pies. Ir a Horcher sigue siendo un acontecimiento: los manteles planchados con regla, la plata bien lustrada y las patatas suflé, ese prodigio culinario en desuso aunque se haya acabado imponiendo como el solomillo Wellington. Horcher sigue siendo uno de esos lugares que los horteras llaman mesas del poder: un presidente de banco, otro de un importante grupo de comunicación para el que había trabajado y dos políticos en el ocaso. Los clásicos son de sobra conocidos: los huevos poché sobre *kartoflerpuffer* y salmón marinado, el consomé don Víctor, la ensalada de bogavante, la perdiz a la prensa, el pichón… Y para beber, si no quieren dejarse la hijuela, pueden cenar con fino: máxima efectividad y disfrute a un precio razonable. Otro de los méritos de Horcher es que solo ha evolucionado para bien, dejando una sala con usos antiguos pero cómodos. El mérito es de Eli Horcher, la hija del fundador, que es una de las tías más simpáticas y guapas de Madrid. (Cada una tiene sus debilidades). Me contaba un día que pese a la llegada de expatriados latinoamericanos de billete facilón, la mayoría de las reservas se corresponde a matrimonios que se guardan un dinerito para, al menos una vez al año, darse un homenaje en Horcher como uno de esos rituales que forjan los para siempre. Lo de siempre es mejor en Horcher.

SADDLE, UN HEREDERO DIGNO DE JOCKEY

El abogado Matías Cortés, uno de los personajes más divertidos de aquella época dorada de España, tenía siempre la misma mesa reservada en Jockey. Era su mesa; la mesa de Matías Cortés. «Donde ves pero no te ven», solía decir. También tenía un menú fijo: blinis con caviar y ñoquis de sémola. Juan Luis Cebrián puntualizaba que al abogado le gustaba la vida. «Comer bien. Beber. El flamenco. La música, en general. Era una persona vital, socarrona. Siempre presumía de ser un abogado caro pero efectivo del que sus clientes nunca podían tener queja». Incluso las víctimas de su lengua bífida le reían las gracias. Es lo que tiene ser gracioso además de caer en gracia.

Lo contaba Jesús Cacho. Al hacer referencia crítica a un ministro que Felipe González acababa de nombrar. «Fulano es muy peligroso, Jesús [Polanco], muy peligroso. Porque es muy tonto y trabaja muchísimo».

Matías Cortés estaba en todos los círculos de poder y dinero. Fue el abogado de personajes clave en los titulares de la Transición y el juancarlismo, como José María Ruiz-Mateos, Mario Conde, Polanco, Javier de la Rosa, Emilio Botín… Jockey cerró en 2012, víctima de la crisis económica que se desató en el mundo. Detrás de sus puertas parece que también se quedó atrapado el régimen del 78, la Transición que se empezaría a cuestionar dos años después con la irrupción de Podemos en las elecciones europeas. Es de suponer que Matías

Cortés llevaría el duelo por dentro aunque lo filtraría con su mala leche y cinismo habituales. De nada sirvieron las reinvenciones de su carta ni que lo redecorase un afamado interiorista. Según contaban, los nuevos responsables querían adaptar la carta a las nuevas demandas del público que requería comidas de negocios menos potentes; esto es que se acabaron los callos y el Viña Ardanza. Por supuesto, aquello fracasó porque la narrativa nada tenía que ver con el restaurante que fundó en 1945 Clodoaldo Cortés y que durante algún tiempo trató de mantener su hijo Luis Eduardo, otra de las personalidades de aquella España alegre y despreocupada que se dio de bruces con ese sueño que fue la Transición y el consenso que dinamitó Podemos. Cuentan que una vez, en una cena, una señora alababa los logros del franquismo. A saber: las casas de protección oficial, la industria... Matías Cortés le tuvo que meter uno de sus cortes. «Sí, sí. Franco era muy bueno pero un pelín fusilón».

En octubre de 2012 Jockey entró en suspensión de pagos.

Matías Cortés murió en verano de 2019 después de haber dado guerra y muchos dolores de cabeza a las partes contrarias de sus clientes. No le dio tiempo a hacerse con la mesita estratégica de Saddle, que abrió apenas unos meses después. Saddle es un digno sucesor de Jockey, una evolución que rinde homenaje (*saddle* es silla de montar en inglés) a lo que fue aquel restaurante. De las últimas veces en las que estuve vi a Ourghoulian, a Zapatero y otros capitostes que no fui capaz de reconocer. Les llevaban la pirámide de mantequilla y otras delicias que nada tienen que ver con esas cenas ligeras con las que quisieron reinventarse. Como Jockey en su día, la cocina de Adolfo Santos ha sido merecedora de una estrella Michelin. Seguro que Saddle gustaría a Matías Cortés. Ponen *foie gras,* flores de calabacín con burrata, moluscada (un nombre feo para una selección de percebes, navajas y concha fina) y por supuesto caviar a 175 euros los 30 gramos. No faltan los callos, ni el pichón o el lenguado *meunière*. Por los reservados siguen pasando los poderosos del sanchismo como antes lo hacían los del felipismo. Pero ahora la decoración nada tiene que ver con la de Jockey, más íntima. Me gustaría saber qué mesa hubiera elegido Matías Cortés para observar y enterarse de todo sin ser visto. A mí me invitó uno de mis amores. No me porté bien pero…

LOS MENÚS

Fuimos a DiverXO a criticar, pero...

Le debía un DiverXO (Padre Damián, 23) a Arcadi, y deberle a Arcadi exige la misma formalidad que hacerlo a un banco (morosidad baja, eso sí). Llevaba unos meses haciéndome la loca cuando de repente vi que su nombre aparecía en la pantalla de mi teléfono. (Yo le tengo guardado como «azotes». Peor hubiera sido llamarle «maestro»).

«Veo que tal día de febrero hay sitio en DiverXO», me dijo. Entonces supe que ya no me apetecía eludir más la cuestión. Me metí en la web, apoquiné los 365 euros por persona y pensé que, como con los adelantos en otras cosas, el golpe sería menos doloroso cuando, por fin, cenáramos en DiverXO. La reserva era para las ocho menos cuarto, cuando aún yo no he cerrado el papel de mi negociado en *El Mundo*.

Sobre las siete y media de la noche, la manifestación de los agricultores estaba en su apogeo. Tractorada es una palabra horrorosa, como cacerolada.

Íbamos Arcadi y yo muy dispuestos a que la comida de Dabiz Muñoz no nos gustase por aquello de llevar la contraria a esos *influencers* culinarios que cursilean tanto como esos gloseros del franquismo (que casualmente transicionaron todos a socialistas): «sublime», «enorme» (...) «talento», «su magia»... suelen escribir a propósito del cocinero. No éramos una mesa fácil. Ni Arcadi ni yo somos partidarios de los menús gastronómicos ni de permitir que nadie decida sobre nosotros (¡en mi gula mando yo!). Por otro lado, si un plato te gusta, ¿por qué no vas a poder pedir más?

Sin embargo, todo cambió en cuanto nos trajeron el primer plato que venía explicado en una suerte de cómic algo abigarrado. Hablaba de un cangrejo azul de Doñana que comía angulas y langostinos y, por lo tanto, tiene «carne dura y prieta» (como nos gusta a los dos). Estaba muy bueno. Pero, nuestra desconfianza no cedió hasta que nos sirvieron el siguiente pase: «coco joven tailandés a la brasa con salsa de satay de quicos y flores», que de tan exótico en su simpleza resultaba familiar. (Ya saben, uno de esos viajes a casa —los sabores de la infancia, el guiso de mamá, etc.— que buscan ahora los menús). Tan familiar como nos resultaría a algunos de los que frecuentábamos La Casa de los Minutejos el siguiente pase. Muñoz hace su propia versión sustituyendo las láminas de pan finísimo del establecimiento de Carabanchel por «paredes crunchy de la ventresca de cochinillo» relleno de fiambre de careta de cochinillo, rúcula, crema de siracha casera y pecorino. ¿Qué decir? No hace falta escribir cursiladas sobre comer para explicar una sensación tan básica como es el placer. El minutejo estaba para tomarse una decena entubada de un barril de cerveza helada, aunque para la cena nos aconsejaron divinamente y sin necesidad de esos maridajes que acaban agobiando. (La bebida nos salió a 50 euros extra por cabeza, seguramente porque nos quisieron invitar a algo). Solo decir que aprendimos mucho bebiendo, lo que es siempre una cura de humildad.

Por motivos sentimentales, tanto a Arcadi como a mí nos cautivó ese plato que Muñoz elaboró con guisante tierno de Zamora al wok (tres segundos) con caviar al horno tandoori con grasa de jamón. Cada bocado fue una maravilla. Otros platos de los que me hubiera hartado fueron el muslo estofado de gallo y las angulas a la parrilla al pilpil.

De los postres, solo por resaltar la curiosidad, la leche de camella que satisfizo esas fantasías de niña que se tienen cuando crees que las nubes son de algodón. La realidad es que ya estábamos ahítos de malababa mutada en cabello de ángel por obra y gracia de Muñoz. Sí, DiverXO es una maravilla. Vale la pena ahorrar para ir.

OSA, EL NUEVO RESTAURANTE AL QUE IR

He dejado pasar unas semanas para escribir sobre Osa (Ribera del Manzanares, 123) porque quería ponderar si los 240 euracos que me gasté en comer con Rosa (que pagó los suyos) merecieron realmente la pena.

Tenía curiosidad, impaciencia, por ir a Osa. Le pregunté a Arcadi (cómo no) y la respuesta fue críptica: «Yo ya me he acostado con Ava Gardner. Y durante veinte años seguidos». Y me dio vergüenza preguntarle quién diablos era Ava, ¿Ferran Adrià?, en la metáfora o si es que Arcadi estaba más *faisandé* de lo que pensaba.

Se lo comenté a otras personas que también habían estado en Osa y les había encantado: «Arcadi es un gilipo...», me dijeron indignadas. Así que me fui con las expectativas muy altas (les gusta comer bien), pero con ciertas reticencias. Habría que ser factual, *fucktual* por el precio, y esperar a comer para sacar conclusiones.

Pagamos el menú largo y además añadimos un zorzal (eso nos dijeron ellos), que era el «pajarito frito» que costaba 10 euros. Siempre que pido zorzales en un restaurante pregunto lo mismo. ¿Ha dejado la cabecita? La cabeza del zorzal, un ave como un mosquito, con sus sesos y el cráneo como una hoja seca de otoño, es de esos bocados delicados por lo atávico y es lo más bueno que puede comerse (menos para Arcadi, que no come pulpo ni avecillas que le canten al albor). Desafortunadamente, les habían quitado la cabeza para cocinarlos.

Habíamos reservado el menú de 180 euros y comenzamos con la charcutería básica —*fromage de tête* y chicharrón— y luego un plato de trucha en distintas preparaciones que me encantó, como también me gustó la anguila y el mero preparados con nombres que ustedes van a tener que *googlear* y yo no tengo espacio para explicar. Después empezó lo que se supone es la especialidad de Osa, caza y carne. La perdiz roja, colorá, orza, frita —y pencas— estaba buena y era diferente; sobre todo para los que estamos acostumbrados a comer caza en preparaciones más o menos clásicas, de las de siempre.

Después, tras secuencias de piparra, champiñón…, llegó el pato azulón —estofado y a la brasa— y la paloma y la codorniz a la bilbaína. Ese fue el final del menú. Entre medias nos pusieron el cabrito en dos formas, muy bueno, y después una porción de *zampone*, que es una patita de cerdo rellena que se deshacía en la boca. ¿Merecieron la pena los 240 euros —pedimos un vino barato de la carta que nos recomendó la simpática *sommelier*—…? Ahí queda la pregunta.

La caza, por lo general, no me suele impresionar porque siempre me cuestiono mucho la procedencia y la calidad (sobre todo en esta temporada en la que casi no hay perdices salvajes en España y respecto a los grouse en Reino Unido… en fin).

GASTARSE 250 EUROS EN SMOKED ROOM

No confiaba demasiado en que Smoked Room fuera a gustarme. No tanto porque hace tiempo que ya no me fíe de los comentarios gastronómicos en redes sociales, sino porque mis experiencias previas en otros restaurantes de Dani García (una de ellas con Arcadi y ya glosada) no habían sido demasiado satisfactorias, pese al hachazo económico. Habíamos reservado en Smoked Room (paseo de la Castellana, 57) para celebrar un trabajo bien remunerado y tocaba invitar a mi madre, que es muy disfrutona y le gusta probar lo que no come en su casa.

Llegar al lugar donde se ubicaba el antiguo Santceloni es siempre agradable, aunque Smoked Room sea un reservado de Leña, otro restaurante de García que estaba a rebosar. Como pasa ya en casi todos los restaurantes con estrella, había que pagar por adelantado el precio del menú: eran unos 200 euros, lo que de alguna manera aligeró el estoque final que en esta incierta cuesta de enero se me hacía especialmente doloroso. Pero pongamos que la invitación era como un acto de psicomagia de Jodorowski o de *El secreto* de Rhonda Byrne (un camelo de épocas pretéritas).

Por otro lado, me hacía ilusión invitar a mi progenitora, aunque enseguida comenzó a regañarme por forrarme a brioche con mantequilla y trufa blanca batida. Siguieron otros catorce platos y un extra de wagyu de Kagoshima con soja de treinta y cuatro años y wasabi, que supusieron otros 30 euros extras.

Para beber pedimos fino de Equipo Navazos, que estaba muy bueno y, como dice Valerio, va con todo. Por otro lado, beber fino no es solo garantía de acertar, sino también de garantizarse una cuenta sin excesivas sorpresas y con el nivel justo de aturdimiento etílico.

No faltó el tomate nitro, un clásico de García, pero hubo otros platos que nos impresionaron más. El *hamachi*, esencia de tomate asado y yuzu; el *dashi* de tomate cítrico; el *chawanmushi* de maíz, puerro y erizo; concha fina a la brasa, *beurre blanc* de salsa de tosazu y wasabi fresco. De postre me sorprendió muchísimo un *hoshigaki* relleno de queso Compte y *Tuber melanosporum* que estaba estupendo.

Lo pasamos muy bien y mereció la pena. Y mi madre probó cosas de las que nunca había oído hablar. Desde entonces, ha incorporado a su vocabulario la palabra yuzu como yo hice hace unos meses con el término *crop top*. Para nada... Eso sí, nos soplaron: 250.

EL GORJEO DE EL INVERNADERO

Salí de las dos semanas de virus como cuando sueltan a los perros y me fui a ponerme ciega a dos restaurantes con estrella Michelin en Madrid. (Tras la enfermedad había perdido varios kilos y...).

No quisiera ser eso que llamo paleta de mundo pequeño. Esto es, cerrarse a lo desconocido ya sea por prejuicios, sectarismo o fanatismo. Por eso decidí reservar en El Invernadero (Ponzano, 85) junto a otras omnívoras. Se trata de un restaurante de «alta cocina vegetal», que no vegetariana, porque nos dejaban elegir entre un menú verde (vegano), que costaba 99 euros, y otros dos, azul y rojo, carne o pescado, por el que te sacudían 125 euros sin vino. (Luego está Vegatalia, por el que cobran 155).

Así que, con estas premisas, fuimos las alegres comadres a despojarnos de cualquier prejuicio gretino. Nada más entrar en El Invernadero lo primero que hacen es pedirte el abrigo e invitarte a lavarte las manos. (Momento Pilatos, me excusé yo eludiendo cualquier responsabilidad en la elección del restaurante). Después nos hicieron pasar a la sala, donde suena un trino constante que te acaba recordando a cuando cantaban los pájaros a la salida de Pachá al amanecer. La persistencia del trino acaba siendo tan pesada como si en el baile de una boda solo sonara María Jesús y su acordeón. Pajaritos por aquí, pajaritos por allá (salvo en el plato).

No éramos un público agradecido para El Invernadero. En cuanto nos dijeron tres veces la palabra sostenible empezamos a resoplar como los bueyes del Rocío. Pero nos dijimos que había que abrirse a la Agenda 2030 y apuramos la kombucha. (Después nos pasamos a un Ribera del Duero de 35 euros, porque no nos convenció el hidromiel). Al menos, pese a los palabros, no decían o escribían AOVE (el acrónimo de Aceite de Oliva Virgen Extra), que es horrible.

Después comenzó el menú. Trajeron el pan de licopeno, el nabo encurtido (ji, reíamos maliciosas mientras pensábamos que después, por paridad y porque habíamos elegido el menú de pescado, vendrían unas almejas) y un tartar de remolacha. Muy bueno todo. También lo estaba el bimi con kimchee, la crema de algas y loto y la calabaza de garrapiñada. Y llegaron un *royal* de tofu, el tocino vegetal, la sopa de dátiles… «Demasiadas cremas, ya sabes que no me gustan», se quejó Cate. Me lavé las manos y le dije que ella se había apuntado al plan de la alta cocina vegetal. «Es como cuando fuiste a la feria de Sevilla siendo alérgica a los caballos, al polvo y al fino». Pero no había motivo para la queja. Y si Garzón tiene razón… Eran excelentes el arroz marino y una tartaleta de apionabo que también nos arrancó una risita.

El bacalao que nos correspondía en el menú azul no nos convenció. Por la noche, Paola se fue a Charrúa con su marido para resarcirse con carnaca (ni siquiera quiso oler las verduras a la parrilla). Al día siguiente, para purgarnos, nos llamamos para comentar —a las mujeres nos encanta hablar de estas cosas— lo bien que nos había sentado la comida de El Invernadero. Sería el agua azul con espirulina. Nos costó 165 euros por persona con tres botellas de vino.

EL COCHINILLO SE REPONE DE LA CURSILERÍA EN GAYTÁN

Nunca había estado en Gaytán, el restaurante de Javier Aranda en Príncipe de Vergara, 205. Fui con una amiga por aquello de probar cosas nuevas para esta crónica. Hay algo bueno en la propuesta de Aranda más allá del espacio de Gaytán, precioso, preciso, entretenidísimo. Con todos los comensales mirando a la cocina, dispuesta como un escenario. Y es la posibilidad de comer a la carta en lugar de afrontar menús eternos que, a veces, resultan pesados, no tanto por la cantidad de platos, sino por la continua turra de los camareros para explicar.

Y también Gaytán ofrece la posibilidad de escoger opciones más breves: 98 euros frente a los 150 que cuesta el largo. (Por cierto: también me recibieron con una larga cambiada de kombucha). Los aperitivos, llamados pomposamente Aire Libre Somos, estaban muy bien. Ese bocado de remolacha, crema *fraîche* y caviar y un bombón de bacalao y pasión eran bastante memorables.

Después habría que destacar el maíz hecho de tres formas diferentes y un ámbar de trufa. Sin embargo, los platos más logrados nos parecieron el chipirón y ají amarillo y un huevo cremoso y *pad thai* de champiñón. El cochinillo también estaba muy bien hecho. Desde luego, no fue un choque cultural, pero puede decirse que comer en Gaytán es una experiencia muy reseñable y sin el dolor de tripas que, a final de mes, suponen los restaurantes con una estrella Michelin. 120 euros por persona con bastante vino. (No me acuerdo cuál. He tenido que mirar el extracto de la tarjeta para recordar lo que había pagado).

SÍ, A GOFIO LE HAN QUITADO LA ESTRELLA MICHELIN, PERO SIGUE ESTANDO BUENO Y CUESTA 200 PAVOS POR CABEZA

Llevaba un tiempo queriendo ir a Gofio (en el establecimiento de Lope de Vega), pero nunca encontré el momento adecuado (el tiempo y el dinero). Por otro lado, lo de la gastronomía canaria, por desconocimiento y *paletería* peninsular, no me resultaba tan apetecible como otras opciones. Y además, le quitaron la estrella Michelin, lo que podría hacer desconfiar a algunos, pero, por suerte, ha sucedido todo lo contrario. Parece haber sido un acicate para Safe Cruz y Aída González para mejorar, porque comimos y bebimos fenomenal. Eso sí. La torta económica (200 euros por cabeza) es considerable, aunque merece la pena el esfuerzo. Se aprende mucho y sobre todo se disfruta, porque se come estupendamente.

Se podía elegir entre un menú corto (95 euros) y otro más largo (125 euros). Como era sábado, ya había perpetrado el artículo (hasta me lo había leído la jefa, Leyre Iglesias) y ponen películas ideales para la siesta, elegimos el largo y dos botellas de vino de La Orotava. Cuando muchas horas después abrimos los ojos, la niñera asesina aún no se había cepillado al jefe ni preparaba el envenenamiento de la niña asmática.

Los platos son una selección de los mejores que ha ofrecido Gofio desde su apertura. No esperen —o sí— una sucesión de mojos, papas arrugadas o plátano de Canarias. Lo que dan en Gofio de comer es una sucesión de ingredientes y platos canarios pero más refinados, muy inesperados, mejor elaborados.

(Un solo consejo: si piden el menú largo, prepárense a pasar cuatro horas en el restaurante. Pero bueno, ya me dijo Ana Oramas en una entrevista que, en Canarias, el tiempo discurría de otra manera).

De los diecinueve platos, los que más nos gustaron fueron el salpicón de atún rojo, mojo de cilantro y causa con pimienta palmera; el bocadillo de vendimia de sardina y, sobre todo, el ravioli de calamares en salsa con holandesa de mantequilla de cabra canaria; también las gambas con mojo de sus cabezas y mojo de cardamomo y una croqueta de pollo. (Perdonen que ponga exactamente la descripción, pero es que, si lo cuento con mis palabras, necesitaría una página entera para escribir esta crónica. Y además, el vino de La Orotava hizo sus estragos). Para bajar los trece primeros platos nos sirvieron un granizado de estragón con lima que tenía un efecto purificador. Después empezaron las carnes. El cochinillo con su jugo con nueces de macadamia. Después llegaron las mollejas de vaca con mojo de tomates secos y papa negra. Todo estaba buenísimo, y Rosa Belmonte y yo nos propusimos llevar a nuestra madre en cuanto volviéramos a ahorrar.

Después de los postres —el sorbete de plátano canario era ineludible— nos tomamos una tabla de quesos canarios que estaban increíbles. (Ninguno era de la tristemente famosa quesería de Tito Berni). Gofio pronto se trasladará a otro sitio en la Gran Vía desde este local sencillo. Seguro que entonces le devuelven la estrella Michelin. A mí me da igual.

BASCOAT, EL MEJOR RESTAURANTE DE MADRID

Bascoat es el nuevo restaurante que Nagore Irazuegi y Rodrigo García, de Arima (Ponzano, 51), abrieron antes de verano en paseo de La Habana, 33. En Arima ya se comía fenomenal y fue uno de esos restaurantes a los que acudimos corriendo tras la pesadilla del confinamiento de 2020. Los vascos hacen el pescado en ese punto delicado que solo puede ser considerado como sublime (hoy me he levantado cursi) en esa delgada línea que separa lo crudo de lo hecho. Es decir: bien hecho.

Bascoat es una de las grandes apuestas de la oferta gastronómica en Madrid porque es evidente que el nuevo local ofrece a Irazuegi y García la posibilidad de medirse con los restaurantes de renombre en ese rollo que son las guías y las estrellas. He de decir que no pagué yo porque me invitaron Guille Dávila y Luis Suárez de Lezo, que saben mucho de comer y beber bien sin cursilerías ni pasar cazos. Es decir: Paganinis. De hecho, Suárez de Lezo acaba de ser nombrado presidente de la Real Academia de Gastronomía.

El cambio de Arima a Bascoat impresiona, aunque no tanto por el local, que, es de suponer, ha necesitado una inversión potente. Para no olvidar (y con esos vinos tan buenos a los que me invitaron mis colegas de mesa era difícil), el lenguado a la parrilla al pilpil de pollo asado y limón que estaba buenísimo y que nos apretamos justo antes de la *txuleta*.

Los entrantes también estaban muy buenos, pero eran menos sorprendentes. La gilda era una maravilla (con mayonesa de piparra y anchoas), como las piparras en tempura. Y también hay una menestra de verduras de verano «con aire de jamón», dice la carta. Me quedé sin probar el rodaballo, que es mi pescado favorito y que bordan en Arima, y un pastel de merluza con mayonesa de colágenos, porque esos platos algo viejunos, por utilizar la terminología acuñada por Ana Vega Pérez en su libro, actualizados, siempre me resultan curiosos.

De postre no podía faltar una tabla de quesos muy buena y para nada apabullante ni excesiva. Lo mejor de Bascoat es que es uno de esos restaurantes en los que uno puede comer y beber mucho sin sensación de hartazgo. Perfecto para los pantalones de monito de mi Arcadi. Volveré cuando pongan la carta de invierno. (Unas semanas después volví sin que me invitaran. Cené muy bien de nuevo pero casi me ofrezco a quedarme fregando los platos).

Pabú, una maravilla delicada y singular

Pabú, en Panamá, 4, es el nuevo restaurante de referencia en Madrid. Esto es, al que quiere ir todo el mundo —ese mundo— que no requiere de las fotitos para hacer saber en dónde está. Fui a Pabú con Rafa Latorre (bebimos por copas y le soplaron 315 euros por dos personas con menú corto) y, a la salida, escribí a Arcadi con esa superioridad que siempre me da descubrirle algo que desconoce (y yo iba un poco tocada). No pudo esperar y al siguiente sábado me escribió. «Qué sitio estupendo y qué buen rollo». Y qué razón tiene, porque es un lugar que hace sonreír por todo lo que conlleva estar sentada en una de sus pocas mesas. Pabú tiene mimbres de ser un restaurante que no pasa de moda, precisamente porque está lejos de modas. El día que fui había muchas negritas de esas que prefieren no salir en la prensa, salvo en el detective de nuestro *LOC*. Lo que los paletos llaman «mesas del poder».

Cuando llegó Rafa, me preguntó el motivo de mi elección. «Es el restaurante de Coco Montes, el hijo de un amigo del rey Juan Carlos —llamarle emérito es demérito—. Aquí es donde fue toda la familia real a celebrar el cumpleaños de la infanta Elena». Y, por conocidos, sé que el rey padre se ha dedicado a recomendarlo a sus amigos desde mucho antes de que abrieran. Como debíamos trabajar por la tarde, pedimos el menú corto, llamado Bubú, que es como llaman los sobrinos de Montes a la madre del cocinero. Nos trajeron unos rabanitos y cacao al 85 % que tenía unas lasquitas finísimas que se deshacían en la boca, convirtiéndolo en un bocado salado y fresco. Después, unas zanahorias también aliñadas de una manera especial y muy delicada que estaban estupendas. Como plato fuerte nos comimos unas lentejas con faisán —un platito perfecto— y para terminar unas coles de Bruselas con raifort —rábano picante— y kiwi, que aligeraron la contundencia medida de las lentejas. No tomamos postre, pero después nos trajeron una tabla de quesos que incluía un Compte que requería mucho vino, pero al que tuvimos que renunciar por motivos laborales. Invitó Rafa, como debe ser, pero nos levantamos tan ligeros que me di cuenta de que Pabú es uno de esos lugares al que volveré cuando la economía lo permita, porque, al contrario de otros restaurantes, no cansa y la carta siempre varía. De hecho, voy a reservar y esta vez apoquinaré gustosa las botellas que nos tomemos. Total, para que se lo lleve Marisú. Y también, es verdad, no hay otro restaurante como este en Madrid. Muy francés y refinado, pero sin caer en esos lugares comunes ya manidos —buenísimos, por otro lado—.

Es lo normal. Coco, al que se ve trabajar en la cocina, se formó en L'Arpège en París. ¿Qué les voy a decir? Fui feliz en Pabú y me invitó un hombre apuesto. Qué más se puede pedir.

A'BARRA, DONDE MEJOR SE BEBE

Cuando era niña, mi persona favorita del mundo era un señor mayor que había conocido a otro que había conocido a Napoleón. ¿Imaginan? Solo dos personas entre el emperador francés y yo. Tres grados de separación. Pues eso es lo que sentí cuando Valerio Carrera nos puso a Cayetana, a Arcadi y a mí unas copas de Goloso 1872, del Valle del Botijas, de 140 años. Hay veces en las que ir a cenar se convierte en una lección de vida. En Madrid, y lo saben quienes lo tienen que saber, tenemos al frente de la bodega de A'Barra a uno de los tipos que más saben de vinos del mundo. Lo de *wine director* o sumiller son conceptos insuficientes para explicar la pericia y buen hacer de Carrera. «Love Valerio», ponía una crítica de Tripadvisor cuando le he buscado en internet.

Fuimos a probar **Anómalo**, el nuevo restaurante de la barra gastronómica de A'Barra. Hacía tiempo que no nos veíamos y teníamos cosas que celebrar. Y con cosas me refiero a... nosotros. Ya les he hablado otras veces de A'Barra, que tiene lo mejor de Joselito, la esencia que es una mantequilla adulta, hecha a partir de la grasa reducida de esos cerdos felices que son los que cría nuestro José Gómez o, por ejemplo, el solomillo Wellington de cochino... Y todo lo demás.

Esta vez se trata de Anómalo, un menú gastronómico para la barra que cuesta 100 euros. Hemos de decir que tanto Arcadi como Cayetana y yo somos amigos y usuarios de los productos

Joselito y que los tres coincidimos en que el pequeño restaurante de Velázquez de la franquicia es de lo mejorcito que tenemos en Madrid. (A veces, con esa resaquilla de los excesos, me desayuno una *pizza* de chorizo o un bocadillo de coppa con una cerveza). Y por supuesto, nos fuimos a probar Anómalo para ver si seguía la línea del restaurante. «A ver qué tonterías perpetras», me dice Arcadi cuando le cuento mi intención de plasmar el encuentro de los tres. Me gusta cuando me azota y más aún cuando le azotan a él con cierta sorna y hablándole de usted.

Es el caso de Valerio, que le saca vinos que no se espera, como esa bota de oloroso de Galeón, que tiene un color caoba claro precioso y que parece adecuado para probar cualquier cosa. Incluida la entrada de parmesano de Anómalo. Y así seguimos, probando y aprendiendo, hasta el final del menú de 100 euros. Invitó Cayetana, que para eso somos sus putillas. Y si nos hacemos un último tango en París... que sea con esencia Joselito.

Ugo Chan, temakis de mollejas y empanadillas de callos a 200 pavos por cabeza

A Ugo Chan (Félix Boix, 6) le dieron una estrella Michelin pero cuentan los que saben (el que más, Fernando Point) que siempre se ha comido bien. Hugo Muñoz, su cocinero, se ha formado en Viridiana y en el Kabuki con Ricardo Sanz, que es el principal referente en España de la cocina japonesa.

He leído varias guías en las que se califica la cocina de Muñoz como de *japonés fusión*, término que nos haría desconfiar si no fuera por las ya glosadas credenciales del cocinero. La fusión, muchas veces, se confunde con echarle mono a la leña y mezclar churros con beicon y sirope. Pero en Ugo Chan es algo más refinado que un simple *melting pot* donde cabe cualquier cosa (como en Yugo The Bunker: *nigiri* de *foie* gigante —que te *foien*— con un huevo de codorniz y una molleja), tiene ese equilibrio en el que se encuentra lo mejor de dos cocinas. Aunque ya sabemos lo que opina Arcadi de las cocinas exóticas.

Ya hemos dicho muchas veces que no somos partidarios de los menús, pero lo mejor cuando se va a Ugo Chan es dejarse llevar por Muñoz y que él decida lo que te echa de comer, que viene a ser lo que significa *omakase*.

Como no teníamos pretensión de ruina pedimos al *sommelier* que nos aconsejara un vino tinto. Nos habló de El Pacto, que costaba unos 30 euros la botella y que estaba estupendo. Nos trajeron un pargo entero hecho ikizukuri con bilbaína que además de ser muy bonito estaba buenísimo. Después nos trajeron tartar rojo con huevo frito y con eso acabaron los entrantes fríos. A continuación, una paloma con lentejas (las llamaban caviar) con curry japonés; *gyozas* de callos a la madrileña con garbanzo frito. (Perdónenme los alumnos de las escuelas de cocina, pero es imposible que unas empanadillas de callos no estén buenísimas). Y mientras, más botellas de El Pacto como si esto fuera la Transición.

Después llegaron una serie de *nigiris*, cuya composición por El Pacto no consigo recordar. No sucede lo mismo con el temaki kebab de mollejas al carbón, que es una maravilla. Y para terminar el *omakase* nos trajeron unas habitas de El Maresme con butifarra en *brunoise* y tartar de calamar con su correspondiente jugo. Nos soplaron 210 euros por cabeza con varias botellas de El Pacto, por lo que no recuerdo qué tomamos de postre ni tampoco la sarta de tonterías que dije en la entrevista posterior que nos hicieron a Rosa y a mí en Richelieu. «¿Que cómo es escribir una novela a cuatro manos?»

Eso sí, a ver si encuentro a algún pobre incauto que me convide al bogavante en tres vuelcos (en sashimi al vapor de sake, en tartar y suquet Tokyo–Ampurdá), que según dicen en carta hay que encargar con un día de antelación. Está a 195 euros el kilo.

195 euros el kilo.

Volveré a Ugo Chan cuando me inviten otros.

Recenas

Una noche, cuando estudiaba, fui a cenar tres veces a ZJ, un bar bueno que estaba en Hispanidad y en el que con discreción se podía beber a cualquier hora. Incluso cuando amanecía y los pajaritos comenzaban a cantar. A esa hora el caldito con un chorreón de fino y las gambas al ajillo entraban muy bien; sobre todo con una botella de Viña Ardanza. La cosa es que dependiendo del nivel de copas que llevaras, la cuenta podía ser una cosa u otra. Esto es directamente proporcional a la tasa de alcohol en sangre. Aun así, pese a la bohemia guay de Lady Pepas y los vinazos que te servían con los espaguetis, siempre preferí ZJ. Aunque las puñaladas dinerarias dolieran más que el resacón. Ahora se sigue pudiendo recenar en Madrid pero ya no lo practico como antes.

De tapas… y *after*

Los paletos que citan a Lennon recurren siempre al lugarcomunísimo de: «La vida es aquello que te va sucediendo mientras estás ocupado haciendo otros planes». Los madrileños (venga, un ayusismo no menos Mr. Wonderful que la cita de Lennon) lo decimos de otra forma: fui a tomar una caña y me lié. ¿Y a quién no le ha pasado? Ese día que te bajas a Richelieu a tomar una Coca-Cola con tus sobrinos antes de comer y te encuentras a Ussía (o a Malú e Isabel) y acabas bebiendo vodka tonic y comiendo sandwichitos mixtos (uno de los mejores de Madrid) como si la inflación no afectara también a la barriga.

Pero hay otros restaurantes en los que una parece que solo va a pasar las dos horas de rigor y acaba cantando con el dueño.

Uno de los sitios en los que más se lía una después de comer es **Arzábal** (Menéndez Pelayo, 13), frente al Retiro. Ya habrán escuchado hablar de la mantequilla salada que sirven al principio. O de las pochas con almejas, las cazuelas de huevos y setas y los quesos. A mí me gusta ir a Arzábal y por algún extraño motivo, ¡cuando éramos ricos!, me encantaba pedir que me rellenaran una copa de Burdeos con hielo y champagne. Los franceses lo llaman *piscine*, que suena más elegante que champagne con hielo, pero el efecto es similar. En Arzábal se puede echar la tarde entera sin que nadie moleste. Y si luego apetece salir más, basta cruzar la calle para ir al Florida Park.

No muy lejos de Arzábal está **Kulto** (Ibiza, 4), donde pasé una de las mejores tardes más tristes de mi vida. Fuimos después del tanatorio de una persona joven en Tres Cantos. La congoja que se anudada a la garganta solo se despejaba con una copita. Cuando acabamos con los tequilas, decidimos que lo mejor que podíamos hacer para quitarnos de la cabeza la caja de pino era ir a uno de los restaurantes favoritos de aquella persona a ponernos tibios de vida. El luto nos salió a 45 euros por barba. Estuvimos hasta las tres de la mañana. Y después… ya saben, a casa los unos con los otros. Eros y Tanatos. (Ahí tienen un par de planes perfectos para llegar borracho/a a casa de sus suegros en Nochebuena).

BARES PARA *PUTIFINEAR*

No hay bebida que suscite tanta literatura como el martini. (Quizás el vino. Hay quien dice que vino es la segunda palabra que más se dice en la Biblia después de Dios, pero nunca he hecho ctrl+f en un pdf del Antiguo Testamento). Es conocida la cita de Thurber o de M.F.K Fisher. «Un martini está bien. Dos son demasiado. Tres son poco». Luego está la de Dorothy Parker, que dice que con tres está encima de la mesa y con cuatro debajo de su anfitrión. (Pero no entremos en líos con el «no consentimiento» con alcohol). A mí me gusta el dry martini de vodka que para algunos es sacrilegio, pero es el único copazo que me permito (además del tequila, champagne, vino, cerveza y jerez) desde que he dejado de beber.

Una vez en el **Dry Martini** del Meliá Fénix (plaza de Colón, 2) acabé revoleada por el suelo con un amigo que había conocido media hora antes (gran amigo). Nos picamos a beber martinis para lograr llegar a un número redondo del contador con el que el establecimiento celebra cada martini. Afortunadamente, después no tuve mucha consciencia de lo que pagamos. Solo una ración de jamón me devolvió al redil y permitió que se me escoltara al taxi para que pudiera llegar a casa.

Para beber bien no se puede obviar **Del Diego** (calle de la Reina, 12), donde todas las copas rozan la perfección. El whisky sour que descubrió mi abuela a los ochenta y cinco, el bullshot que se toma de tres en tres, el bloody mary que es como una poción mágica de Astérix por lo revitalizante (11 euros cada uno) tienen su propia ceremonia. Una tradición que remite al famoso **Chicote** (Gran Vía, 12), al que llevo un tiempo sin ir. Últimamente me dejo caer más por el bar en el último piso del **Four Seasons**, que es muy agradable. O en **Isa** (Sevilla, 3), donde se puede tomar un cóctel de whisky japonés (14 euros) con un bocadillo de ibérico de *tonkatsu* (algo así como empanado) que cuesta 15 euros. Es este bar, con permiso de los amazónicos y demás, el futuro del *putineo*. Tías guapas con ganas de pasarlo bien y hombres ricos prestos a invitar. Por suerte, porque la cuenta (bastante dolorosa) no compensa las cantidades, claramente insuficientes para mujeres con ganas.

Y está **Santos y Desamparados** (Costanilla de los Desamparados, 4), que acaba de desdoblarse en **Vendittas** (Santa María, 42) y es mi lugar de copas predilecto. Aunque seguro que Arcadi me dirá que **1862** (Pez, 27) le gusta más. Otro día les cuento mi excursión del miércoles en Angelita para combatir el desamor.

ÍNDICE DE RESTAURANTES